DIDÁTICA DA FÍSICA

UNIVERSIDADE ESTADUAL PAULISTA
unesp

Reitor
Prof. Dr. Sandro Roberto Valentini

Vice-reitor
Prof. Dr. Sérgio Roberto Nobre

Pró-reitora de Pós-Graduação
Profa. Dra. Telma Teresinha Berchielli

Pró-reitora de Graduação
Profa. Dra. Gladis Massini – Cagliari

Pró-reitora de Extensão Universitária
Profa. Dra. Cleópatra da Silva Planeta

Pró-reitor de Pesquisa
Prof. Dr. Carlos Frederico de Oliveira Graeff

Pró-reitor de Administração
Prof. Dr. Ricardo Samih Georges Abi Rached

FACULDADE DE CIÊNCIAS
Diretor
Prof. Dr. Jair Lopes Junior

Vice-Diretora
Profa. Dra. Vera Lúcia Messias Fialho Capellini

Programa de Pós-Graduação em Educação para a Ciência
Coordenador
Prof. Dr. Roberto Nardi

Vice-Coordenador
Prof. Dr. Nelson Antônio Pirola

Membros
Prof. Adj. Washington Luiz Pacheco de Carvalho
Prof. Adj. Renato Eugênio da Silva Diniz
Aline Kundlatsch (Repres. Discente)

Suplentes
Profa. Dra. Luciana Maria Lunardi Campos
Prof. Dr. Aguinaldo Robinson de Souza
Profa. Dra. Isabel Cristina Monteiro
Larissa Vendramini da Silva (Repres. Discente)

Seção Técnica de Pós-Graduação
Supervisora
Caroline Etâne Bolla Rogeri

Secretária
Lucia Helena Querubim Bordon

Série
Educação para a Ciência
Conselho Editorial

Prof. Adj. Roberto Nardi
(Coordenador) – (UNESP/FC)
Profa. Dra. Adjane da Costa Tourinho e Silva (UFS)
Prof. Dr. Aguinaldo Robinson de Souza
(UNESP/FC)
Prof . Dr. Arthur Galamba
(Kings' College – Londres – Inglaterra)
Profa. Dra. Beatriz Salemme Corrêa Cortela
(UNESP/FC)
Profa. Dra. Daise Chapani (UESB)
Profa. Dra. Daniela Melaré Vieira Barros
(U. Aberta – Lisboa - Portugal)
Profa. Dra. Divanísia do Nascimento Souza (UFS)
Prof. Dr. Edwin Germán García Arteaga
(U. Calli - Colômbia)
Profa. Dra Fernanda Cátia Bozelli (UNESP/FEIS)
Prof. Dr. Fernando Bastos (UNESP/FC)
Profa. Dra. Isabel Cristina Monteiro
(UNESP/FEG)
Profa. Dra. Isabel Malaquias (U. Aveiro - Portugal)
Prof. Dr. Júlio César Castilho Razera (UESB)
Profa. Dra. Maria Jose P. M. de Almeida (Unicamp)
Prof. Dr. Maurício Compiani (Unicamp)
Prof. Dr. Nelson Antônio Pirola
Profa. Dra. Nicoletta Lanciano
(U. La Sapienza - Roma - Itália)
Profa. Dra. Odete Pacubi Baierl Teixeira
(UNESP/FEG)
Profa. Dra. Olga Lucía Castiblanco Abril
(UDFJC – Bogotá - Colômbia)
Prof. Adj. Renato Eugênio da Silva Diniz
(UNESP/IBB)
Prof. Dr. Rodolfo Langhi (UNESP/FC)
Profa. Dra. Sandra Regina Teodoro Gatti
(UNESP/FC)
Profa. Dra. Veleida Anahi Silva (UFS)
Prof. Adj. Washington Luiz Pacheco de Carvalho
(UNESP/FEIS)

Pós-Graduação em Educação para a Ciência

Faculdade de Ciências – UNESP
Av. Engenheiro Luiz Edmundo Carrijo Coube, 14-01
Campus Universitário – Vargem Limpa
C.E.P: 17.033-360 – Bauru– São Paulo – Brasil
Fone: +55 (14) 3103.6077
E-mail: edc@fc.unesp.br
Site: https://www.fc.unesp.br/#!/poseducacao

Roberto Nardi
Olga Castiblanco

DIDÁTICA DA FÍSICA

2ª edição

São Paulo, 2018

Copyright © Cultura Acadêmica

Escrituras Editora e Distribuidora de Livros Ltda.
Rua Maestro Callia, 123 – Vila Mariana
São Paulo – SP – 04012-100
Tel.: (11) 5579-1755/5571-2838
escrituras@escrituras.com.br

Diretor editorial: Raimundo Gadelha
Coordenação editorial: Mariana Cardoso
Assistente editorial: Gabriel Guerzoni
Projeto gráfico, diagramação e capa: Vagner de Souza
Impressão: Forma Certa

Cultura Acadêmica
Praça da Sé, 108
São Paulo – SP – 01001-900
Tel.: (0xx11) 3242-7171/Fax: (0xx11) 3242-7172
www.culturaacademica.com.br

Conselho Editorial Acadêmico
responsável pela publicação desta obra:

Prof. Dr. Renato Eugênio da Silva Diniz (Coordenador)
Prof. Dr. Roberto Nardi (Vice-Coordenador)
Prof. Dr. Jair Lopes Júnior
Prof. Dr. Nélson Antônio Pirola
Prof. Ms. Armando Paulo da Silva

Dados Internacionais de Catalogação na Publicação (CIP)
(Câmara Brasileira do Livro, SP, Brasil)

Nardi, Roberto
      Didática da Física / Roberto Nardi, Olga Castiblanco.
2. ed. – São Paulo: Escrituras Editora: Cultura Acadêmica, 2018. –
(Educação para a ciência; 15)

      Bibliografia.
      ISBN 978-85-7531-803-4 (Escrituras Editora)
      ISBN 978-85-7249-045-0 (Cultura Acadêmica)

      1. Física - Estudo e ensino 2. Prática de ensino
3. Professores de física - Formação profissional
4. Sala de aula - Direção I. Castiblanco, Olga.
II. Título. III. Série.

19-24849   CDD-530.7

Índices para catálogo sistemático:

1. Física – Estudo e ensino.   530.7
Cibele Maria Dias - Bibliotecária - CRB-8/9427

Impresso no Brasil
Printed in Brazil

SUMÁRIO

Prefácio 7
Apresentação 11

Parte I - Reflexões sobre a Didática das Ciências 15

1. Algumas considerações sobre a Didática das Ciências 17
   1.1. Questões de pesquisa da Didática das Ciências 20
   1.2. Enquadramento teórico da Didática das Ciências 21
   1.3. Metodologias de pesquisa na área de Ensino de Ciências 24

2. Formação de professores e Didática da Física 27
   2.1. O sentido da natureza interdisciplinar 30
   2.2. O sentido das didáticas específicas 35

Parte II - Proposta teórica de Dimensões da Didática da Física 39

3. A Didática da Física: seus conteúdos, objetivos e metodologias 41
   3.1. Análise das percepções de três atores 42
   3.2. Consolidação de objetivos, conteúdos e metodologias 47

4. As dimensões como eixos articuladores 61
   4.1. Dimensão disciplinar 63
   4.2. Dimensão sociocultural 65
   4.3. Dimensão de interação 67

Parte III - Uma prática de ensino a partir das três dimensões 71

5. Dimensão disciplinar 75
   5.1. Exercícios com reflexão de tipo filosófico 76

5.2. Exercício a partir de revisões da História da Ciência............... 81

5.3. Exercícios a partir de estudos epistemológicos......................... 85

5.4. Referenciais sugeridos como base para gerar novos exercícios 93

6. Dimensão sociocultural.. 97

6.1. Exercícios refletindo sobre o ensino de Física em realidades diferenciadas... 98

6.2. Exercícios refletindo a respeito da perspectiva ciência-tecnologia-sociedade 103

6.3. Exercícios para a formação do professor reflexivo e autônomo 107

6.4. Referenciais sugeridos como base para gerar novos exercícios 120

7. Dimensão de interação 127

7.1. Exercícios estudando os usos da experimentação 128

7.2. Exercícios estudando os usos de tecnologias da informação e comunicação... 136

7.3. Exercícios estudando o uso de materiais bibliográficos.......... 145

7.4. Referenciais sugeridos como base para gerar novos exercícios 153

Considerações finais... 159

Referências 167

Sobre os autores... 173

PREFÁCIO

É com satisfação que apresentamos a segunda edição de *Didática da Física*, publicada originalmente em versão eletrônica pela Editora da Unesp – Selo Cultura Acadêmica, em 2014. Esta edição, impressa, é agora disponibilizada em parceria com a Escrituras Editora, dentro da série Educação para a Ciência, já reconhecida pela comunidade acadêmica das áreas de Ensino de Ciências e Matemática, por seus livros publicados pelo Programa de Pós-graduação em Educação para a Ciência da Unesp[1].

A decisão de editar o livro eletrônico também em versão impressa foi tomada com base na solicitação de muitos leitores que, desde o lançamento da primeira versão pela Editora da Unesp[2], vêm sinalizando a necessidade desta versão. Manter a edição eletrônica e disponibilizar também a versão impressa foi uma decisão que contou com a parceria da Escrituras, que já vem divulgando há mais de duas décadas a produção da pesquisa nas áreas de Educação e Ensino de Ciências e Matemática, em parceria com a Unesp e outras universidades do país.

Assim, a versão eletrônica deverá continuar com acesso livre, conforme compromisso assumido pelos autores e pela Editora, por ocasião de assinatura do contrato de edição; a versão impressa deverá complementar o acesso da versão anterior e está sendo editada com alguns refinamentos sugeridos por pesquisadores, docentes e pelos documentos da Área de Ensino da CAPES, Coordenação de Aperfeiçoamento do Pessoal de Nível Superior.

---

1 https://www.fc.unesp.br/#!/poseducacao, https://www.fc.unesp.br/#!/ensino/pos-graduacao/programas/educacao-para-a-ciencia/publicacoes/. Veja os objetivos do Programa de Pós-graduação em Educação para a Ciência da UNESP – Faculdade de Ciências – Campus de Bauru e os livros da Série Educação para a Ciência e demais publicações do Programa nos endereços acima.

2 http://www.culturaacademica.com.br/catalogo/didatica-da-fisica/

Lembramos que *Didática da Física*, fruto da experiência dos autores no magistério do Ensino Médio e Superior há décadas e organizado a partir de resultados de estudos realizados por pesquisadores reconhecidos por seus pares na área de Ensino de Física no país e no exterior, visa a ampliar a cooperação entre pesquisadores e docentes em exercício nas escolas de educação básica, bem como no ensino superior. Os autores assumem, portanto, a importância de diminuir a distância entre a pesquisa e a sala de aula, já oficialmente incorporada nos objetivos do Grupo de Pesquisa em Ensino de Ciência (GPEC), e materializada por meio de projetos apoiados por órgãos financiadores, como o CNPq (Conselho Nacional de Desenvolvimento Científico e Tecnológico) e a CAPES (Coordenação de Aperfeiçoamento do Pessoal de Nível Superior), que financiam esta edição impressa – uma a mais dentre outras já publicadas. O livro visa dialogar com os leitores, principalmente professores que ensinam a Física ou outras ciências naturais, por meio da sugestão de recursos visando a pensar novas alternativas para tratamento dos processos de ensino e aprendizagem da Física. As questões de pesquisa que geraram o livro procuram respostas para o desafio de formar professores autônomos no sentido de produzir suas próprias metodologias de ensino, ou seja, indo além de oferecer instruções técnicas ou de fornecer guias previamente desenhados, mas procurando, a partir de resultados recentes da pesquisa, divulgar perspectivas atualizadas e sintonizadas com as exigências da sociedade.

Para tanto, desenvolvemos Didática da Física em uma perspectiva dimensional, contemplando as dimensões disciplinar, sociocultural e interacionista. É importante esclarecer que o termo "dimensão física", utilizado inicialmente na primeira edição, mostrou-se confuso para o leitor e, por isso, foi alterado para "dimensão disciplinar" que, aliás, engloba as outras disciplinas das ciências da natureza. Também atualizamos o termo "dimensão técnica" para "dimensão de interação", uma vez que a essência da proposta é incentivar o professor a desenvolver recursos de apoio para atingir determinados objetivos na sala de aula. O desenho deste material, entretanto, não é um simples exercício técnico, mas é o final de um processo de planejamento e desenvolvimento de aulas e atividades de ensino baseados na pesquisa e que tem como objetivo principal potencializar as interações entre os participantes dos processos de ensino e de aprendizagem.

Agradecemos aos colegas, pesquisadores, docentes, discentes e leitores outros pela recepção e utilização de nosso trabalho, que nos permitiu oferecer esta segunda versão atualizada e impressa. Desejamos boa leitura, na esperança de contribuir para a melhoria do ensino das Ciências da Natureza, particularmente a Física e, por extensão, para a construção de sociedades cada vez mais críticas e autônomas.

Roberto Nardi – Universidade Estadual Paulista – UNESP – Faculdade de Ciências, Campus de Bauru, São Paulo Brasil.
Olga Lucía Castiblanco Abril – Universidade Distrital Francisco José Caldas – UDFJC – Bogotá, Colômbia.

APRESENTAÇÃO

Este livro foi pensado como mais uma contribuição na construção de caminhos que permitam compreender melhor a natureza da Didática da Física como disciplina de cursos de Licenciatura em Física. É fruto da experiência dos autores enquanto professores de Física no ensino médio, e principalmente no ensino superior, no Brasil e na Colômbia. Foi desenhado, também, com base em pesquisa recente, na qual os autores procuraram organizar e ministrar conjuntamente a disciplina Didática das Ciências em um curso de Licenciatura em Física, levando em consideração, dentre outros aspectos, resultados de pesquisas nacionais e internacionais sobre o ensino e a aprendizagem de Física; também buscamos um consenso em relação aos referenciais teóricos e metodológicos utilizados por pesquisadores experientes consultados sobre essa temática no Brasil.

Dessa forma, o livro apresenta uma estrutura teórica associada a sugestões de atividades práticas que relacionam objetivos, conteúdos e metodologias de ensino, visando garantir coerência entre o que se diz e o que se faz em sala de aula quando se ensina essa disciplina.

A literatura da área de Ensino de Ciências mostra uma diversidade de maneiras de entender tanto a Didática da Física quanto seu ensino. Compreendemos essa pluralidade de referenciais e métodos como uma característica importante da área; no entanto, essa diversidade tem pontos comuns, que procuramos atender neste livro e que nos permitiram privilegiar alguns recortes em termos de objetivos, conteúdos e metodologias para o ensino dessa disciplina.

Esses recortes foram gerados em consensos presentes na pesquisa da área, que mostram, por exemplo, que as disciplinas associadas à Didática da Física não precisam necessariamente obedecer à lógica das disciplinas da Física, uma vez que o tratamento dos conteúdos da Física nesse campo não se dá exclusivamente para estudar os fenômenos físicos, mas para estudar estratégias de seu ensino. Também não obedecem à lógica das disciplinas de Educação, uma vez que o tratamento de seus conteúdos nesse campo não se dá exclusivamente para estudar o comportamento dos sujeitos em determinado contexto e os sistemas educativos, mas para contribuir na formulação de estratégias de ensino da Física em diversas situações e condições.

Outro pressuposto, também apontado pela literatura da área, mas que ainda não é consensual, é a necessidade de se considerar a característica interdisciplinar do campo da Didática das Ciências, no sentido de que se devem interrelacionar conteúdos de diversas disciplinas a fim de ensinar a ensinar Ciências. Mas quais conteúdos interrelacionar e de que maneira? Essa questão é discutida neste livro, que procura trazer reflexões sobre as finalidades de se criar didáticas específicas. Ou seja, o futuro professor precisa refletir sobre a identidade tanto do conhecimento que vai ensinar, neste caso, a Física, quanto daqueles que o auxiliam a entender o tratamento a ser dado à Física em contextos educativos.

Assim, defendemos a ideia de que a Didática da Física possui conteúdos específicos a serem trabalhados com o futuro professor, com o objetivo de orientá-lo a gerar suas próprias estratégias de ensino. Portanto, essa disciplina deve ser entendida muito além de uma perspectiva instrumentalista, que discute apenas o uso de recursos de apoio em sala de aula, pois busca também a dimensão essencial da didática que, a nosso ver, é a de dar identidade à profissão de ensinar.

Nesse sentido, nossa proposta visa trazer à discussão elementos que contribuam para a organização de objetivos, conteúdos e metodologias do ensino de Didática da Física com base em três dimensões estruturantes: 1) *dimensão disciplinar*; 2) *dimensão sociocultural*; e 3) *dimensão de interação*. Na primeira, procuramos privilegiar reflexões do tipo metacognitivo, objetivando levar o licenciando ao (re)conhecimento de seus saberes da Física. Na segunda, refletir sobre o significado de tratar conteúdos da Física em âmbitos educacionais. E, na terceira, incentivar, através de exercícios teóricos ou práticos, a análise de possibilidades e limitações de certos recursos de apoio ao ensino, visando enriquecer interações em sala de aula.

Os autores agradecem aos órgãos financiadores que possibilitaram a realização das pesquisas desenvolvidas no estudo, cujos resultados embasaram esta obra, bem como pelo financiamento deste livro: CNPq – Conselho Nacional de Desenvolvimento Científico e Tecnológico; Capes (PEC/PG) – Coordenação de Aperfeiçoamento de Pessoal de Ensino Superior; Fapesp – Fundação de Amparo à Pesquisa do Estado de São Paulo; e Pró-Reitorias de Pesquisa e Pós-Graduação da UNESP. Agradecem também aos licenciandos de Física da UNESP/Bauru, que cursaram a disciplina de Didática das Ciências (2012/1) pela disponibilidade em participar de parte da pesquisa que originou o livro. Estendem ainda agradecimentos aos pesquisadores brasileiros da área de Ensino de Física, que gentilmente se dispuseram a colaborar na pesquisa, fornecendo informações sobre suas opções teóricas e metodológicas que foram consideradas neste estudo. E, ainda, aos colegas do Grupo de Pesquisa em Ensino de Ciências, da UNESP/Bauru, pelas críticas ao trabalho em suas diversas etapas e pela rica troca de experiências nos últimos anos.

PARTE I
REFLEXÕES SOBRE A
DIDÁTICA DAS CIÊNCIAS

1
ALGUMAS CONSIDERAÇÕES SOBRE A DIDÁTICA DAS CIÊNCIAS

O *corpus* de conhecimentos da área de Ensino de Ciências se enquadra no que se costuma chamar "didática das ciências" no contexto europeu e ibero-americano. Assim, esta parte visa ampliar a compreensão dessa área ao estudar alguns autores reconhecidos internacionalmente, procurando concordâncias e divergências em suas perspectivas sobre a pesquisa em Ensino de Ciências. Notamos que autores como Astolfi e Develay (1989), Carvalho e Gil-Perez (1993), Cachapuz, Praia e Jorge (2002), Fensham (2004), Sanmartí (2002) e Viennot (2004) convergem em, pelo menos, três tópicos de estudo: 1) a formação inicial de professores; 2) a relação pesquisa-docência; e 3) uma perspectiva da Didática das Ciências. Porém, há encontros e desencontros na forma de abordá-los. No Quadro 1.1, apresentamos uma síntese das ideias fundamentais em cada uma das obras e para cada um desses três tópicos. Salientamos que as frases ali contidas são síntese de nossa interpretação e não citações literais.

Nessas propostas, os autores consideram o Ensino de Ciências como uma área de pesquisa já consolidada, reconhecida internacionalmente e com problemas próprios a serem resolvidos, que precisa interagir com diversos saberes de outras disciplinas, a fim de resolver problemas do ensino e da aprendizagem das ciências. Também há consenso entre eles de que a formação de professores de Ciências precisa de reformulações fundamentadas nas pesquisas desenvolvidas nas últimas décadas, e enfatizam a necessidade de maior interação entre a pesquisa e a docência. Porém, ao entrar nos detalhes desses consensos, encontram-se divergências que são atualmente objeto de reflexão e análise da comunidade acadêmica. Por exemplo, a decisão de focar a principal preocupação nas forma de ensinar a ciência trabalhando ora nos saberes necessários do professor de Ciências, ora nas formas como se *aprende* a ciência partindo das preconcepções ou modelos explicativos, ora em por que e para que *ensinar e aprender* ciência, aspectos que envolvem a decisão de conteúdos a ensinar e a razão de ser deles em um determinado contexto.

Quadro 1.1 – Síntese das ideias expostas pelos autores sobre a formação inicial de professores, a relação entre pesquisa e docência e uma perspectiva sobre a Didática das Ciências

Obras	Formação Inicial de Professores (FIP)	Relação entre pesquisa e docência	Perspectiva da Didática das Ciências
Astolfi e Develay (1989)	A FIP deve ser uma formação profissional que inclua o aprendizado da Didática das Ciências sob quatro variáveis: ensinar é comunicar; dominar tramas conceituais dos conteúdos; reflexão didática; e modelo pedagógico.	A formação em pesquisa no Ensino de Ciências deve ser feita com relação a: conteúdos disciplinares; processos de aprendizagem a partir das dimensões humanas; regulação de um modelo pedagógico que busque se desvencilhar do tradicional; e a organização escolar com reflexão didática.	O termo "Didática" é independente da Pedagogia. A Didática estuda: as situações de aula, as representações dos alunos e as formas de o professor intervir. Ela usa aportes da Psicologia, História e Epistemologia. Adverte para os perigos da Didática geral e das didáticas específicas.
Cachapuz; Praia e Jorge (2002)	Na FIP é preciso uma renovação curricular a partir de perspectivas inter e transdisciplinares, embasada nas perguntas de por que e para que ensinar Ciências. Deve incluir Epistemologia, História das Ciências e Psicologia da Aprendizagem.	O papel do professor pesquisador e seu reconhecimento no contexto social e político são primordiais para pensar a escola como instrumento a serviço de uma mudança sustentável, a partir de relações CTSA – Ciência, Tecnologia, Sociedade e meio Ambiente.	É preciso pensar na "Nova Didática" como estratégia de inovação. Aquela que busca contribuições da Epistemologia, História das Ciências e Psicologia da Aprendizagem, e que precisa responder às especificidades das disciplinas a fim de superar desafios educacionais mais amplos, envolvendo os contextos sociais.

(continua)

Didática da Física

(continuação)

Obras	Formação Inicial de Professores (FIP)	Relação entre pesquisa e docência	Perspectiva da Didática das Ciências
Carvalho e Gil-Perez (1993)	A FIP deve considerar resultados de pesquisas sobre a aprendizagem em Ciências e oferecer um preparo adequado para desenvolver o currículo. Propõe uma licenciatura com dois anos para as disciplinas específicas, e dois para as didáticas específicas, Pedagogia e Psicologia.	Docência e pesquisa devem estar ligadas, tanto na formação do professor, quanto em seu exercício profissional. O futuro professor deve adquirir saberes como: romper com visões simplistas, conhecer o que ensina, duvidar das ideias docentes do "senso comum" e relacionar ensino com a pesquisa didática.	A Didática não pode ser um campo isolado de conhecimentos; ela deve ser um eixo articulador, que permita resolver problemas utilizando todos os saberes necessários. A Didática específica é o núcleo que permite articular a formação e a prática do professor.
Sanmartí (2002)	A FIP deve incluir áreas como Epistemologia e Filosofia das Ciências. O professor deve estudar sua visão de natureza das ciências e os objetivos de ensinar Ciências, o que implica refletir acerca do que ensinar, como ensinar e como ocorre o aprendizado.	A relação entre ciência escolar, quem ensina e o aprendiz, deve ser mediada pela pesquisa do professor no sentido de fazer da atividade de ensino uma atividade científica escolar.	A Didática das Ciências tem o desafio de definir critérios de seleção dos conteúdos a ensinar, gerar modelos e práticas adequadas a cada tipo de conteúdo. Considerar que cada disciplina tem uma problemática e estrutura específica.
Fensham (2004)	Na história da formação de professores de Ciências, existe uma "tradição curricular" que separa os conteúdos científicos dos conteúdos pedagógicos e uma "tradição didática" que se preocupa por entender o que é que se ensina, para que, e como fazer que os alunos saibam o que estão aprendendo.	Um dos indicadores de maturidade da área de Ensino de Ciências é a formulação de perguntas de pesquisa, as quais vêm se acumulando a partir da década de 1960. Essas questionam a forma como os alunos aprendem e os professores ensinam.	O termo didaktik tem implícito um conteúdo do Ensino de Ciências. Nos últimos 30 anos, os pesquisadores anglo-americanos e os pesquisadores do continente europeu e da América Latina têm se diferenciado. A palavra "didática" gera rupturas na comunicação entre os pesquisadores de cada grupo.

(continua)

(continuação)

Obras	Formação inicial de professores (FIP)	Relação entre pesquisa e docência	Perspectiva da Didática das Ciências
Viennot (2004)	Na FIP de Física devem-se estudar os processos com que os alunos constroem coerência em suas explicações, visando embasar o planejamento de estratégias de ensino.	O professor deve estudar o raciocínio espontâneo não apenas para identificar erros, mas para gerar estratégias de ensino que formem habilidades; por exemplo, aprender a ler relações entre variáveis a partir de uma perspectiva funcional, indo além de fazer cálculos.	O professor precisa conhecer as tendências de raciocínio em Física para planejar novas estratégias de ensino que façam com que os alunos ganhem em coerência e compreensão do que estão estudando.

Perante essa diversidade, fizemos a leitura das propostas dos diferentes autores, tentando extrair dos respectivos aportes pelo menos três aspectos que caracterizam a Didática das Ciências: 1) as questões de pesquisa; 2) o enquadramento teórico; 3) as metodologias de pesquisa.

1.1. Questões de pesquisa da Didática das Ciências

Fensham (2004) mostra como a maturidade de uma área depende da forma como os pesquisadores formulam e respondem suas questões de pesquisa. Ele relata, por exemplo, que as pesquisadoras Driver e Solomon questionaram as concepções alternativas das crianças quando pensam sobre ciências, discussão essa que foi acompanhada por vários pesquisadores gerando novo conhecimento na área. Surgiram, então, diversas tentativas de resposta e uma cadeia de novas perguntas com relação às formas como as crianças entendem as ciências, com relações entre as concepções espontâneas das crianças e as formas de ensinar Ciências a partir dessas constatações.

Para Viennot (2004), uma questão importante é que o professor aprenda a decidir o que é essencial na Física que vai ensinar. Ela defende a ideia de que o professor deve tomar consciência da importância de ser coerente em seus modos de explicar, já que isso pode orientar novas estratégias de ensino e aprendizagem, não somente com o intuito de inovar métodos, mas também para considerar seriamente as tendências de explicação de conceitos científicos que se desenvolvem a partir do senso comum. A autora ainda afirma que os professores devem ser formados para desenvolver argumentos didáticos, pois não é suficiente apresentar-lhes uma lista de "instruções ou diretrizes" para agir em sala de aula.

Segundo Astolfi e Develay (1989), esse campo deve permitir resolver problemas como o anacronismo no ensino e o desconhecimento da perspectiva sociocultural da educação em ciências. Como complemento, a proposta de Carvalho e Gil-Perez (1993) coloca o problema na formação dos professores, na qual se deve produzir a ruptura com visões simplistas de ciência e seu ensino, aprofundando a compreensão do conhecimento que ensina, questionando as ideias docentes de "senso comum" e a relação entre ensino, pesquisa e didática.

Sanmartí (2002) defende que um dos principais problemas a resolver é o de gerar modelos e práticas adequadas a cada tipo de conteúdo, levando em consideração que isso implica ter critérios de seleção de conteúdos apropriados para a sociedade atual, e que não é possível ensinar toda a Ciência na escola, mas favorecer a comunicação entre o saber da ciência escolar, de quem ensina e de quem aprende.

Nota-se como as questões de pesquisa da área, nesse grupo de autores, privilegiam diversos aspectos, dependendo dos autores; por exemplo: as concepções prévias dos alunos e o modo de tratá-las em sala de aula; a formação do professor de Ciências superando o senso comum a respeito do ensino; o tipo de conteúdos a serem ensinados, de acordo com o contexto; os objetivos do ensino de Ciências e sua relação com a sociedade e o ambiente. Essas perspectivas, por vezes, se superpõem ou se distanciam, mas oferecem uma gama de objetos de estudo no campo da Didática das Ciências.

1.2. Enquadramento teórico da Didática das Ciências

Segundo Astolfi e Develay (1989), a análise epistemológica das ciências fornece pontos de reflexão para pensar a aprendizagem em contextos escolares. Mas, além do que a Psicologia e a Epistemologia oferecem, existem conceitos desenvolvidos para a própria Didática funcionar, tais como "a transposição didática" e os "objetivos-obstáculos".

Com relação à "transposição didática", os autores advertem sobre os problemas que tal transposição apresenta quando embasada em visões simplistas de conceitos sobre ciência ou sobre as funções da educação científica, que levam a imaginar uma "transposição" quase como a transmissão mais adequada de verdades absolutas. Quanto aos "objetivos-obstáculos", explicam as falhas que essa perspectiva apresenta quando se mistura a ideia pedagógica de propor objetivos de ensino com a ideia de propor obstáculos a serem superados, uma vez que os objetivos podem ser gerais e não lidar com processos específicos de ensino e aprendizagem.

Segundo Sanmartí (2002), a "transposição didática" deve ser entendida no sentido amplo da expressão, que vai além de pensar em como ensinar melhor os conteúdos por si mesmos, para pensar em processos de ensino e aprendizagem mais complexos, o que significa que os conceitos específicos da Didática ainda precisam ser estudados em maior profundidade.

Com o mesmo propósito de evidenciar a relação entre diversas disciplinas para desenvolver conceitos da Didática, Sanmartí (2002) mostra que ensinar Ciências é algo mais amplo do que ensinar conceitos e teorias; dessa forma, é preciso pesquisar processos didáticos que respondam a novos objetivos de ensino, por exemplo, ensinar a interpretação de fenômenos, indo além de ensinar verdades estabelecidas.

Para isso, é preciso se pautar pelos saberes vindos da Epistemologia e da Filosofia das Ciências, reconhecendo, por sua vez, que os conhecimentos didáticos são sínteses de diversos campos de estudo, de acordo com cada uma das disciplinas científicas (Física, Química, Biologia), que têm problemáticas e estruturas específicas. Carvalho e Gil-Perez (1993) também se inscrevem nessa perspectiva ao considerarem que, além da importância de ter o domínio das ciências exatas, tal conhecimento deve ser compreendido com a História, a Epistemologia e o contexto de surgimento.

Por outro lado, Cachapuz, Praia e Jorge (2002) trabalham na perspectiva da evolução das tendências de ensino. Os autores fazem uma análise que lhes permite afirmar que, nas últimas décadas, as tendências têm evoluído desde o ensino por transmissão, passando pelo ensino por descoberta, o ensino por mudança conceitual e o ensino por pesquisa. Colocam ênfase na importância deste último como uma possível solução às limitações das anteriores, especialmente se considerarmos a perspectiva CTSA.

Tais tendências têm se constituído em correntes pedagógicas embasadas em saberes interdisciplinares. Eles mostram como a Didática das Ciências hoje precisa de saberes da Epistemologia, a fim de propiciar a reconstrução da ciência que se ensina; da História das Ciências, que oferece conhecimentos úteis como recursos no tratamento da ciência; e da Psicologia da Aprendizagem, que permite estudar os processos de aprendizagem dos alunos.

Segundo Fensham (2004), a existência de uma teoria e seu progresso é um sinal da existência de um campo de pesquisa maduro. Ele observa como a teoria que suporta as pesquisas em Didática das Ciências tem somado saberes de disciplinas como a Psicologia da Aprendizagem, a partir dos trabalhos de Piaget, na visão construtivista, e de Vygotsky, na visão sociocultural das ciências; os estudos sobre o Ensino de Ciências a partir de Gilbert e Watts; as concepções espontâneas das crianças a partir dos estudos de Novak, Driver, Tiberghien, Osborne; a Filosofia da Educação com John Dewey; e também os resultados de projetos educativos específicos, como o Learning Science Project, orientado por Osborne para detectar as dificuldades em compreender conceitos de Física, entre outros.

É possível notar como a fundamentação teórica aborda saberes disciplinares diversos, os quais vêm se ampliando em função dos problemas de pesquisa que vão sendo colocados. Aparecem a Psicologia da Aprendizagem, História, Filosofia e Epistemologia das Ciências, tópicos de Educação etc. Essa ampliação vai caracterizando o trabalho do pesquisador em Ensino de Ciências como um fazer interdisciplinar, no sentido de inter-relacionar vários conhecimentos na resolução de um problema, porém sem um enquadramento fixo e delimitado, seja do tipo de saberes que contribuiriam para o desenvolvimento da Didática das Ciências, seja do modo como eles podem ser aproveitados.

1.3. Metodologias de pesquisa na área de Ensino de Ciências

Segundo Fensham (2004), existem tendências metodológicas na pesquisa nesta área em função dos avanços da pesquisa. O autor diz que o campo foi tomando emprestadas técnicas para serem aplicadas, especialmente nas décadas de 1960 e 1970, quando a pesquisa na área ainda estava em sua infância. Alguns pesquisadores se pautaram pelos conhecimentos da Sociologia, tanto na perspectiva política quanto na observação sistemática de situações sociais; outros da Psicologia, nas relações interpessoais, e da Psicologia Educacional; outros da Antropologia, para entender situações sociais complexas; também da História e Filosofia das Ciências, para desenvolver novas perspectivas de entender a ciência, e mesmo da prática de ensino de Ciências.

Nas últimas décadas, percebe-se um progresso no sentido de que as pesquisas se desdobraram em diversas subáreas, ampliando a perspectiva metodológica, por exemplo, a partir da linguagem, estudos de gênero, relações entre ciência, tecnologia e sociedade, entre outras que se utilizam de abordagens principalmente qualitativas (entrevistas, observações etnográficas, questionários).

Em resumo, temos que:

- Os objetos de pesquisa da área são diversos, com tendência a aumentar à medida que se desenvolvem estudos mais específicos e, também, à medida que vão mudando as perspectivas do que é ciência, o que é ensinar Ciências, o que é formar professores de Ciências. A área tenta responder perguntas sobre: quais conteúdos ensinar; como explicar as ciências; como inovar em estratégias de ensino e aprendizagem; como detectar e considerar as concepções prévias ou os modelos explicativos dos alunos; qual ênfase dar à formação dos professores; como superar o senso comum do ensino; como gerar modelos e práticas adequados a cada tipo de conteúdo e a cada contexto.
- A fundamentação teórica é multidisciplinar, por se apoiar

em diversos conhecimentos (ciências exatas, Psicologia da Aprendizagem, História, Filosofia e Epistemologia das Ciências, Pedagogia, Educação e conceitos próprios da Didática) na resolução dos problemas próprios da área e, além disso, os referenciais a serem considerados nesse campo tendem a aumentar à medida que vão se aperfeiçoando e também diversificando os problemas de pesquisa.

- A metodologia tem trazido conhecimentos da Sociologia, Antropologia, Psicologia, História e Filosofia das Ciências, da própria prática de ensino, e tem mostrado uma tendência ao aumento de técnicas que aperfeiçoam a coleta e análise de dados.

2
FORMAÇÃO DE PROFESSORES E DIDÁTICA DA FÍSICA

Consideramos que decidir o que ensinar em cursos associados à Didática da Física não é tarefa simples, especialmente quando se tem consciência de que os conteúdos não são da Física em si mesma, mas de formas de tratar a Física em âmbitos educacionais. Por sua vez, desenvolver critérios para selecionar conteúdos ou planejar metodologias de trabalho em sala de aula que sejam o reflexo dos conteúdos ensinados em Didática da Física também é uma tarefa complexa, especialmente quando se quer promover a coerência entre a formação oferecida e a prática esperada do futuro professor.

Isso não significa que o licenciando ensine para seus futuros alunos os mesmos conteúdos e as mesmas atividades que aprendeu na universidade, mas que tenha a oportunidade de ver em ação (para seu nível) o resultado de ensinar e aprender, por exemplo, a partir de uma perspectiva histórica e epistemológica da Física.

Na tentativa de elaborar critérios, tanto para a constituição de uma estrutura teórica que permita organizar conteúdos a serem ensinados, quanto para o planejamento de atividades práticas em sala de aula, partimos do pressuposto de que o professor de Física precisa utilizar conhecimentos além do conhecimento específico da Física, e questionamos quais são, exatamente, esses outros conhecimentos e como é que eles devem ser considerados, visando à melhoria da formação inicial e continuada de professores.

Entendemos, então, que a perspectiva da *pedagogia crítica* com base em autores como Giroux (1997) e Fischman e Sales (2010) nos indica que é importante formar pessoas com uma visão emancipadora de sua realidade; assim, os futuros professores devem ser preparados em habilidades para a crítica reflexiva a fim de que possam pôr em prática esse modo de entender o mundo com seus futuros alunos. Contudo, aparece a questão de como fazer isso por meio do ensino da Física, já que muitas pessoas podem entender que essa é uma tarefa dos professores das ciências humanas ou sociais, mas não do professor de ciências exatas. Portanto, consideramos que um dos objetivos do ensino da Didática da Física deve ser o de mostrar maneiras de tratar os conteúdos específicos da Física a fim de que seu ensino desenvolva o senso crítico reflexivo do licenciando para que ele possa constituir seu próprio conhecimento com relação ao ensino.

Deve-se observar que a capacidade de reflexão de um professor deve incluir, além da reflexão acerca dos aspectos de seu entorno, aspectos sobre si mesmo e seu exercício profissional. Nesse ponto, acolhemos a perspectiva da *prática reflexiva*, com base em autores como Nóvoa (1992), Copello e Sanmartí (2001), Zeichner (2003) e Alarcão (2003), uma vez que partilhamos a convicção de que pelo desenvolvimento de habilidades metacognitivas é possível levar o licenciando a refletir com base em sua própria prática, sabendo que durante a formação na licenciatura deverá refletir acerca de sua prática enquanto aluno, professor estagiário ou novato. Entendemos que a formação das habilidades metacognitivas deve se dar de tal forma que seu aprendizado perdure e o eduque para um estilo de vida no seu futuro exercício profissional.

Pressupomos também que outro objetivo do estudo da Didática da Física deve-se relacionar com o uso de metodologias de ensino que levem o licenciando a exercícios de tipo metacognitivo, tanto para refletir sobre seu próprio conhecimento da Física quanto para refletir sobre as formas de levar diversos alunos a se introduzirem no mundo da Física. Acreditamos que refletir sobre suas próprias ações, os motivos que o levaram a tais ações e os procedimentos para melhorar ou potencializar ações em sala de aula fornecerá aos futuros professores uma identidade com a profissão, uma vez que terá plena consciência de seu papel.

De forma complementar às ideias anteriores, entendemos também que o aprendizado da Didática da Física deve contribuir no preparo dos licenciandos para a pesquisa em ensino, dado que seu exercício vai ser na prática docente em instituições de educação. Sendo assim, consideramos apropriada a proposta da perspectiva do *professor pesquisador* com base em autores como Elliott (1990), Gatti (2004) e Lüdke (2001), no sentido de que o professor deve aprender a pesquisar sobre sua própria ação desenvolvendo níveis de aperfeiçoamento da reflexão sobre ela, uma vez que, além de aprender a aprender a partir de sua prática, ele deve desenvolver métodos para aperfeiçoar modos de superar os problemas do ensino e da aprendizagem da Física.

Isso implica a formação do professor para a autonomia, que significa a compreensão de estratégias que lhe permitam aprimorar seu exercício docente, por meio de aprendizados sobre, por exemplo, a diferença entre o que é fazer pesquisa em Física e o que é fazer pesquisa em Ensino de Física e, ainda, como aproveitar resultados de pesquisa para enriquecer sua prática, sem que implique necessariamente que todo professor de nível básico deve desenvolver pesquisa, mas, sim, que todos devem estar preparados para ler e aproveitar resultados de pesquisas em seu campo de ação, assumindo a reflexão de sua própria prática como uma estratégia de trabalho. Mas também devem estar preparados para, eventualmente, desenvolver pesquisa quando as condições lhes permitirem.

Podemos dizer que uma das diferenças mais importantes entre a pesquisa em Física e em Ensino de Física é que a primeira tem como objeto de estudo os fenômenos da natureza e a segunda, os sujeitos e as interações entre os sujeitos no contexto específico do ensino e aprendizagem da Física.

Em consequência, também concordamos com a perspectiva do *professor profissional,* desenvolvida por autores como Tardif e Lessard (2005) e Shulman (2000), que permite inferir a necessidade de educar os licenciandos na compreensão da complexidade da profissão docente, dado que é um campo que lida principalmente com humanos e que, portanto, precisa se preparar para interagir com pessoas em diferentes níveis (diversos tipos de alunos, colegas, dirigentes, pesquisadores, sociedade em geral), tendo consciência de que tais interações ocorrem em relação ao tratamento de conteúdos da Física.

A identidade profissional do professor de Física, tanto quanto o seu exercício, implicam o domínio de conhecimentos específicos da profissão, como aqueles que estudam o tratamento de tópicos de Física a partir de diversas perspectivas e conhecimentos que lhe permitam entender por que e para que vai ensinar um determinado conteúdo em um determinado contexto.

2.1. O sentido da natureza interdisciplinar

Do exposto no capítulo anterior podemos deduzir que a interdisciplinaridade pode ser entendida como uma forma de trabalho do professor da educação básica, o qual, por sua vez, exige que o professor universitário que o educa modifique seu ensino, passando de um discurso expositivo para estratégias que considerem a diversidade e a interdisciplinaridade na maneira como trata os conteúdos que leciona na graduação.

Contudo, também pode ser entendida como uma característica dos processos de pesquisa em Ensino de Ciências, uma vez que pode ligar vários conhecimentos para propor a resolução de um problema de ensino. Ou, ainda, pode ser entendida como o fundamento teórico de correntes pedagógicas que se embasam em conhecimentos de diversas disciplinas para orientar reformulações de estratégias de ensino.

Essa diferença de significados da interdisciplinaridade não deve ser tomada como negativa; pelo contrário, é resultado dos diversos impactos que tem tido o discurso da interdisciplinaridade no campo da Educação ao longo de sua história. Segundo Klein (1990), autora que estuda a história do uso do termo, a interdisciplinaridade tem sido entendida no último século como uma metodologia, um conceito, um processo, uma forma de pensamento, uma filosofia e uma reflexão ideológica.

A autora afirma que, na prática, a palavra interdisciplinaridade tem sido utilizada de algumas formas, por exemplo: para se referir à atuação de profissionais de diversas disciplinas para a solução de um determinado problema; à "interdisciplinaridade individual", na qual um profissional integra conhecimentos de diversos campos para conseguir resolver um problema de seu campo de trabalho; ou a um conceito integrador que oriente a pesquisa científica, semelhante às teorias unificadoras das ciências exatas.

Embora sejam diferentes interpretações, a autora afirma que todas têm em comum a intenção de resolver problemas e responder questões que não puderam ser resolvidas por métodos simples ou enfoques particulares. Assim, mais do que decidir qual de todas é a interpretação mais pertinente, torna-se produtivo entender em que medida o sentido da interdisciplinaridade, em suas diversas formas, oferece respostas e progressos na construção de conhecimento.

No campo da Educação têm existido grandes controvérsias ao se aplicar o conceito de interdisciplinaridade, uma vez que é complexo caracterizar o fazer interdisciplinar de cada um dos atores de um processo educacional, como alunos, professores, pesquisadores e políticos, com a respectiva complexidade que envolve entender a relação entre umas e outras formas de assumir e praticar a interdisciplinaridade.

Por exemplo, segundo Klein (1990), as organizações curriculares universitárias têm sido estruturadas principalmente a partir de duas perspectivas diferenciadas: como um todo integrado e como um conjunto de disciplinas individuais que se inter-relacionam; mas, nos dois casos, há a dificuldade de descrever claramente quais as conexões reais entre uma disciplina e outra. Nas últimas décadas, ampliou-se a controvérsia sobre se na universidade é possível um trabalho interdisciplinar apenas entre alguns campos disciplinares, ou se é possível organizar cursos interdisciplinares sob um conceito abrangente e unificador do conhecimento.

A questão da interdisciplinaridade praticada pelos atores envolvidos em processos educacionais é muito complexa e vasta, uma vez que é necessário decidir se é o pesquisador quem deve fazer o trabalho interdisciplinar para orientar os professores, ou se é o professor que pratica um ensino interdisciplinar, ou se são os alunos (da graduação ou do nível básico) que devem inter-relacionar os conhecimentos aprendidos para constituir uma visão interdisciplinar de solução de problemas, ou todas as anteriores. Mas, além disso, segundo Klein (2007), há por trás o problema da decisão de quando combinar as diversas disciplinas, em que grau e com quais metodologias.

Diante da complexidade desse panorama, focaremos nosso trabalho no que concerne ao fazer interdisciplinar no ensino dentro dos cursos de formação de professores, especificamente nas disciplinas relacionadas com a Didática da Física. Partimos do pressuposto de que Educação e Ensino são dois campos que estão inteiramente ligados, mas que se distanciam em seus objetos de pesquisa. Assim, no campo da Educação é importante estudar as organizações educacionais com seus objetivos e estruturas para responder a determinadas exigências das sociedades, enquanto no campo de Ensino trabalha-se em função das exigências impostas pela necessidade de ensinar algo para contribuir com a conquista de objetivos educacionais, o que implica tratamentos específicos do que se quer ensinar e, portanto, exige saberes particulares do professor.

Sem saber como dar respostas a essas questões, arriscamos dizer que, ao menos, é preciso entender que, se o objetivo da educação na graduação é formar o licenciando para um futuro desempenho profissional baseado na interdisciplinaridade, o professor universitário que forma tal licenciando deve desenvolver trabalhos baseados nela para ensinar utilizando, consequentemente, metodologias semelhantes àquelas que pretende ensinar. Mas isso coloca a questão: quais os fundamentos teóricos que orientam a prática do professor universitário de Física ou de Didática da Física a fim de educar o professor para um ensino com base na interdisciplinaridade?

Essa questão leva-nos a refletir sobre os fundamentos da prática do professor universitário, o conhecimento que o professor universitário ensina em relação com outras disciplinas e a coerência entre os objetivos educacionais da universidade (os quais espera conseguir com os licenciandos) e os da educação básica (objetivos que espera que os licenciandos consigam com seus respectivos futuros alunos), dado que os objetivos educacionais da formação de professores são uns e os da formação dos alunos da educação básica são outros, pois esses dois objetivos, apesar de relacionados, não devem ser confundidos.

Em consequência, o ensino precisa ser diferenciado, assim como o tipo de pesquisa que cada um desses profissionais desenvolve em condições rotineiras, dado que o professor universitário envolve-se em atividades científicas acadêmicas e o professor de nível básico envolve-se em atividades científicas escolares, sem querer dizer que umas sejam mais importantes que as outras, mas que exigem conhecimentos específicos, de acordo com cada caso.

Assim, consideramos a perspectiva que define o trabalho interdisciplinar do professor universitário, e também do pesquisador que se aprofunda em seu campo de conhecimento, como uma "interdisciplinaridade individual", já que usualmente esses profissionais encontram-se resolvendo problemas nos quais não é possível, e talvez nem pertinente, contar com a atuação direta de várias pessoas num mesmo processo, mas é conveniente se servir de conhecimentos de diversas disciplinas para constituir uma possível solução aos problemas próprios.

Atualmente, esse propósito torna-se mais viável ao considerar a existência das diversas linhas de pesquisa na área, as quais estudam, cada vez mais profundamente, a inter-relação de conhecimentos vindos de disciplinas como Filosofia, História, Epistemologia, Linguagem etc., para o enriquecimento de novas perspectivas de ensino na formação de professores.

A pessoa que desenvolve trabalho interdisciplinar individual está sempre analisando novas situações possíveis, sempre aprendendo como aprender. Assim, desenvolver um processo interdisciplinar não é questão de aplicar um determinado conteúdo; esse processo começa com a formulação de um problema ou um tópico em estudo que vai gradativamente constituindo maiores sínteses de conhecimentos para resolvê-lo, mas não possui regras específicas para sua construção, ou seja, pode ter diversos caminhos de desenvolvimento em função das características do pesquisador e do problema em estudo.

Para o caso da formação de professores de Física, é preciso, então, considerar resultados de pesquisa que permitam orientar o licenciando tanto na maior compreensão do conhecimento científico que vai ensinar (a Física), quanto no conhecimento que lhe permite entender o contexto no qual vai ensinar, os objetivos de ensinar e as estratégias de ensino, a fim de atingir os objetivos propostos para cada contexto.

Entretanto, como é que o professor universitário, formador de professores, pode ensinar ao licenciando a inter-relacionar diversos conhecimentos visando formá-lo para que organize suas próprias estratégias de ensino? Nesse ponto, consideramos vital estabelecer uma relação entre as propostas dos pesquisadores e a prática profissional do ensino dessa área. Por exemplo, no Brasil, existe uma área de pesquisa em Ensino de Ciências e, dentro dessa área, existe uma ampla diversidade de linhas de pesquisa (Nardi, 2005) que buscam contribuições de diversos campos de conhecimento para elaborar propostas de ensino tanto na formação inicial e continuada de professores quanto na prática de ensino no nível básico, sendo, portanto, conhecimentos que podem ser aproveitados para repensar práticas de ensino.

De acordo com a literatura estudada, vemos que existe uma crescente demanda para mais pesquisas nas didáticas específicas, o que poderia parecer paradoxal se o desenvolvimento de didáticas específicas fosse entendido como uma especialização num pequeno campo de conhecimento, o que iria contra a solicitação de considerar maior interdisciplinaridade no ensino e na pesquisa em ensino.

Contudo, segundo a perspectiva que nos propomos desenvolver, isso não é paradoxal, e sim coerente, uma vez que o fato de que cada disciplina tem sua própria epistemologia e, portanto, exije estudos diferenciados para seu ensino não implica que tal ensino seja desarticulado do resto dos conhecimentos disciplinares; pelo contrário, exige que a pesquisa em ensino de um campo específico aproveite os avanços conseguidos em diversas disciplinas do conhecimento para enriquecer sua fundamentação e melhorar sua prática.

Pensando no caso da formação de professores de Física, e particularmente na formação que é oferecida aos licenciandos em disciplinas associadas à Didática da Física, consideramos vital entender a diferença que existe entre o exercício docente do professor universitário e o do professor de educação básica, e ainda do trabalho de pesquisa que pode ser desenvolvido em cada caso, uma vez que os dois trabalham com objetivos educacionais, realidades e sujeitos diferenciados.

Por exemplo, o professor universitário de Didática da Física ensina como entender os processos de ensino e aprendizagem da Física, enquanto o professor de nível básico ensina Física. Porém, os dois podem se embasar em resultados de pesquisa para aprimorar suas práticas com as adequações necessárias aos contextos, ou também podem desenvolver pesquisa, sempre que se tenha plena consciência de que o trabalho do professor-pesquisador em qualquer caso precisa de preparo específico e condições adequadas.

Isso significa que não se espera que o professor universitário ensine receitas de ensino para o licenciando, já que construir a "receita" ou, melhor dito, as estratégias de ensino, é algo que compete exclusivamente a cada profissional. A função do professor universitário é desenvolver um trabalho interdisciplinar que lhe permita formar o licenciando para se reconhecer como profissional do ensino de Física, (re)conhecendo suas formas de interação entre diversos campos de conhecimento. É nessa linha de raciocínio que apresentamos este trabalho, buscando organizar uma estruturação básica para o ensino da Didática da Física na formação inicial de professores que considere os aspectos anteriormente relacionados.

Para tanto, buscamos contribuir na formulação de uma estratégia que estude as possibilidades reais de inter-relacionar diversos saberes na solução de problemas associados à formação para o ensino de Física, ao aproveitar resultados de pesquisa vindos de diversos campos disciplinares, com plena consciência de que não somos especialistas em nenhum desses campos, mas que temos um problema a resolver que precisa de tais resultados. Em resumo, entendemos a interdisciplinaridade a partir da existência da pesquisa em diversas disciplinas com diferentes inter-relações entre si que podem apoiar a formulação de estratégias de ensino de Física.

2.2. O sentido das didáticas específicas

De acordo com o capítulo anterior, verifica-se a existência da área de Ensino de Ciências com certa caracterização de seus objetos de pesquisa, fundamentação teórica e métodos de pesquisa. Porém, essa área abrange pesquisas em ensino de disciplinas como Biologia, Química, Física, Astronomia e Geociências, fato que coloca em questão as variações ou diferenças que surgem quando tais características se desenvolvem em torno dos conteúdos específicos de cada disciplina científica. Sanmartí (2002) considera, por exemplo, que os conhecimentos da Didática, além de serem sínteses de diversos campos de estudo, formulam-se com base nos problemas e na estrutura de cada uma das disciplinas científicas, desenvolvendo uma especificidade no fazer do professor, o que leva à formação das didáticas específicas.

Nessa linha, existem hoje na literatura diversas produções que apontam a necessidade da pesquisa em didáticas específicas por diferentes razões. A mais comum tem relação com o fato de que cada disciplina (Biologia, Física, Química etc.) tem uma epistemologia diferenciada, que precisa de processos de ensino e aprendizagem particulares, já que não é o mesmo considerar como objetos de conhecimento "o vivo e todas as suas interações" na Biologia, "o estudo de fenômenos naturais que podem ser simplificados e idealizados" nas Ciências Físicas, ou "o estudo das propriedades dos sistemas materiais e suas mudanças, com base em representações assumidas como reais" na Química, embora existam fortes interligações entre uns conhecimentos e outros e até campos de pesquisa interdisciplinar (Biofísica, Físico-Química, Biologia Molecular etc.).

Concordamos com Astolfi e Develay (1989) quando concluem que a Didática estuda tópicos específicos da sala de aula, tais como as representações dos alunos e as formas de o professor intervir. Mas esses tópicos devem ser estudados relacionando-os aos saberes disciplinares, a partir dos quais o professor planeja sua intervenção; no caso, seriam os da Física. Concordamos ainda com a advertência que esses autores fazem dos perigos da Didática Geral, que não responde a processos reais de ensino, mas, também, dos perigos da Didática Específica, que somente se preocupa com o ensino das ciências em si, esquecendo os objetivos educacionais.

Entendemos então a Didática da Física como o conhecimento a ser ensinado para que o professor aprenda a ensinar Física, isto é, para que o futuro professor compreenda o que, como, por que e para quem ensinar. Todo esse processo, além dos conteúdos das ciências exatas, precisa de conhecimentos das ciências humanas e das ciências sociais, relacionados ao problema do ensino da Física. Por exemplo, o campo da Epistemologia pode auxiliar na compreensão da construção dos conceitos; o da Pedagogia contribui para o estudo das tendências dos modelos de ensino com seus objetivos, vantagens e desvantagens nos processos em sala de aula; com a Psicologia da Aprendizagem é possível aprofundar a compreensão das formas de pensar das pessoas e auxiliar nos processos de aprendizagem; a Filosofia das Ciências auxilia em análises de paradigmas da História da Física ao estudar o porquê de determinados fatos científicos; a História das Ciências permite extrair aprendizagens da evolução do conhecimento científico e, em geral, todos os conhecimentos disciplinares que o professor e/ou pesquisador precisa mobilizar para superar um problema de ensino de Ciências numa determinada situação educacional.

Todas essas reflexões teóricas com base na literatura oferecem-nos um panorama diverso de formas de entender a Didática da Física, o qual gera questionamentos ao pensarmos nos critérios para organizar conteúdos que serão trabalhados no seu ensino. Questionamentos como: de que maneira podemos aproveitar os conhecimentos de diversas disciplinas para ensinar os licenciandos a ensinar Física? Que tipo de atividades seriam as mais apropriadas para propiciar a aprendizagem de conhecimentos de diversas disciplinas a fim de ensinar a resolver um problema de ensino de Física? Como ir do simples ao complexo, ou de níveis básicos para níveis superiores no ensino da Didática da Física? Como decidir qual a sequência de conteúdos em cursos associados à Didática da Física? Todos esses são questionamentos que motivam esta pesquisa. Uma ampliação da revisão bibliográfica anteriormente citada está disponível em Castiblanco e Nardi (2012).

PARTE II
PROPOSTA TEÓRICA DE DIMENSÕES
DA DIDÁTICA DA FÍSICA

3
A DIDÁTICA DA FÍSICA: SEUS CONTEÚDOS, OBJETIVOS E METODOLOGIAS

Dois pressupostos fundamentam a metodologia empregada para chegar à caracterização das dimensões da Didática da Física que utilizamos neste livro. De um lado, a literatura na área de Ensino de Ciências mostra que existe um consenso sobre a necessidade de melhorar a formação para o ensino já na graduação, ainda na licenciatura, bem como sobre os rumos que deve tomar essa formação. Esse consenso, entretanto, não especifica que conteúdos e metodologias dariam conta de englobar os principais pontos de convergência entre os autores estudados. Por exemplo, há consenso de que os conhecimentos da Didática se relacionam com conhecimentos de diversos campos disciplinares, porém, há diversas perspectivas acerca do que isso significa na hora de trabalhar tópicos específicos de Ciências em sala de aula, e ainda nas formas de o professor intervir e de considerar as representações dos licenciandos. Por outro lado, pressupomos que há necessidade de se considerar também as convicções dos atores envolvidos no processo, tais como pesquisadores, professores e alunos.

Nesta pesquisa, selecionamos três atores no contexto brasileiro: pesquisadores do Ensino de Física, organizações curriculares de cursos de Licenciatura em Física e licenciandos. Ao estudar esses atores buscamos mapear os "objetos de estudo" da pesquisa em Ensino de Física, compreender a função que cumpre o ensino de Didática da Física nos currículos de Licenciatura em Física e conhecer qual o sentido que um grupo de estudantes da Licenciatura em Física dão ao aprendizado de conteúdos que visam formá-los para o magistério.

3.1. Análise das percepções de três atores

Salientamos que neste capítulo apresentamos apenas as principais conclusões que organizamos a partir de três estudos, a fim de contribuir com o estudo das características da Didática da Física. No entanto, eles são apresentados na íntegra em Castiblanco (2013).

3.1.1. Observações dos pesquisadores brasileiros em Ensino de Física

Para este estudo, começamos com a seleção do grupo de pesquisadores da área de Ensino de Física no Brasil, para a qual se fez uma busca de informação e organização por meio de descrições estatísticas. Depois de selecionar o grupo de pesquisadores a ser estudado, elaboramos um questionário politemático para indagar sobre metodologias, referenciais teóricos e objetos de estudo da pesquisa em Ensino de Física. Esse questionário foi constituído por seis questões, apresentadas no Quadro 3.1, das quais duas foram fechadas, três foram dependentes e uma foi aberta, embasando-nos na proposta teórica de elaboração de questionários sugerida por Gil (2008).

Quadro 3.1 – Descrição do tipo de questões do questionário aplicado a pesquisadores brasileiros de Ensino de Física.

	Conteúdo da questão	Objetivo	Forma/Tipo
1	Identificação da atividade profissional, por meio de dados como: e-mail, vínculo empregatício, formação acadêmica, área, grupo de pesquisa em que atua, função dentro do grupo e linhas de pesquisa.	Caracterizar a atividade profissional e mapear as possíveis linhas de pesquisa da área.	Fechada/ Questão sobre fatos.
2	Identificação dos instrumentos e métodos de coleta e análise de dados para cada um dos projetos desenvolvidos por cada pesquisador e registrados no currículo, na última década.	Caracterizar o tipo de pesquisa que desenvolve.	Dependente/ Questão sobre padrão de ação.

(continua)

(continuação)

	Conteúdo da questão	Objetivo	Forma/Tipo
3	Enquadramento das pesquisas nas áreas temáticas estabelecidas nos eventos acadêmicos. Encontro de Pesquisa em Ensino de Física (EPEF) e Simpósio Nacional de Ensino de Física (SNEF).	Detectar as tendências de tópicos de pesquisa no grupo de pesquisadores.	Fechada/ Questão sobre fatos.
4	Identificação dos referenciais que fundamentam os resultados apresentados na produção bibliográfica da última década, com relação ao Ensino de Física.	Mapear os principais referenciais teóricos nos quais se fundamentam as pesquisas.	Dependente/ Questão sobre conhecimentos.
5	Idem ao anterior, mas relacionando os artigos citados como referências.	Idem ao anterior.	Idem ao anterior.
6	Pergunta sobre o que os pesquisadores consideram ser os objetos de pesquisa da pesquisa em Ensino de Física.	Teorizar sobre o que os pesquisadores da área entendem que deve ser pesquisado nesse campo.	Aberta/ Questão sobre conhecimentos.

Na análise das respostas aos questionários, combinamos técnicas de análise de conteúdo para as respostas das questões 1 a 5, com técnicas de análise textual discursiva para as respostas da questão 6. Na análise de conteúdo, embasamo-nos na perspectiva de Bardin (2002) a partir de um conjunto de técnicas que permitem a inferência de conhecimento das comunicações, mediante indicadores quantitativos ou não. Já para a análise textual discursiva, trabalhamos a proposta de Moraes e Galiazzi (2007). Fomos então do quantitativo para o qualitativo, numa sequência que concorda com a proposta de Flick (2009), que reflete sobre o uso de técnicas quantitativas e qualitativas (entre outras combinações quanti/quali), a fim de permitir maiores possibilidades de produção de conhecimento.

Em conclusão, este estudo, desenvolvido a partir das definições dos "objetos de estudo" da pesquisa em Ensino de Física por parte de um grupo de pesquisadores brasileiros, mostrou que não existe um grupo definido e limitado de objetos de pesquisa, e sim uma diversidade de interesses de pesquisa.

Contudo, os objetos mencionados podem ser agrupados em pelo menos três núcleos inter-relacionados: ensino e aprendizagem da Física em diversos contextos; objetivos, posições políticas e organizações curriculares para o Ensino de Física; e processos de interação em sala de aula, considerando todas as variáveis que intervêm, tais como sujeitos, condições, recursos e conteúdos. Todavia, consideramos que todos os objetos de um grupo se relacionam de algum modo com os objetos dos outros, uma vez que perdem sentido quando trabalhados isoladamente.

O estudo também permitiu constatar o caráter inter e multidisciplinar da pesquisa na área, ao entender que os pesquisadores, além de considerarem resultados de pesquisa em Ensino de Física, consideram aportes com base em disciplinas da Educação, das Ciências Exatas, das Ciências Humanas e da área de Ensino de Ciências, que apresenta um importante desdobramento de tópicos.

Observamos que os referenciais utilizados pelos pesquisadores não são exclusivamente resultados de pesquisa em Ensino de Física, mas, para produzir esse tipo de pesquisa, são considerados conteúdos das diversas áreas citadas no parágrafo anterior. Ou seja, a área de Ensino de Ciências, ainda que na especialidade Ensino de Física, é multidisciplinar, no sentido de que, para resolver os problemas próprios desse campo, faz-se necessário utilizar de forma integrada diversos campos de conhecimento.

3.1.3. Caractrísticas da presença de disciplinas de Didática da Física em currículos de Licenciatura em Física do Brasil

Neste estudo objetivamos compreender a função que o ensino da Didática da Física se propõe a cumprir dentro das estruturas curriculares de cursos de Licenciatura em Física no Brasil. Buscamos mapear a presença e os objetivos das disciplinas que visam contribuir na formação para o Ensino da Física.

Para a análise de dados, utilizamos a análise de conteúdo, considerando a perspectiva apresentada por Bardin (2002). Para a constituição do *corpus*, procuramos informação sobre projetos pedagógicos de cursos de Licenciatura em Física no país e organizamos uma descrição estatística, embasando-nos mais uma vez em Flick (2009), e também em Gomez (2007), na perspectiva da pesquisa qualitativa e quantitativa na área de Ensino de Ciências.

A partir do estudo da função da Didática da Física nas organizações curriculares de cursos de Licenciatura em Física, concluímos que, em geral, tais organizações não obedecem a critérios relacionados com a epistemologia da Didática das Ciências, segundo a qual o licenciando deve ser preparado para a atuação com base na interdisciplinaridade, com o objetivo de formar o professor numa visão que inter-relacione diversos saberes para resolver problemas próprios do ensino da Física. Na verdade, os cursos seguem uma visão que objetiva oferecer ao futuro professor uma somatória de conhecimentos necessários para o desenvolvimento profissional, sendo as práticas educacionais o lócus onde se espera que o licenciando encontre a necessidade e a possibilidade de inter-relacionar diversos tipos de conhecimento.

Também constatamos uma diversidade de interpretações sobre o que é a Didática da Física, por vezes entendida como um conjunto de recursos de apoio em sala de aula, através da informática e da instrumentação, outras vezes como a "transposição didática" e, dentro desta última, para alguns, o objetivo da transposição constitui-se tomando a Física como fim e, para outros, tomando a Física como meio. Os resultados ampliados deste estudo podem ser consultados em Castiblanco e Nardi (2014).

3.1.3. Percepções e expectativas de um grupo de estudantes de licenciatura com relação a sua aprendizagem para o ensino de Física

A fim de construir uma ideia acerca do sentido que estudantes da Licenciatura em Física dão ao aprendizado de conteúdos que visam formá-los para o ensino de Física, selecionamos as disciplinas Metodologia e Prática de Ensino de Física III e IV oferecidas no segundo ano do curso, já que no currículo da universidade na qual foi realizada a pesquisa não há uma disciplina nomeada Didática da Física. Assim, como essas disciplinas selecionadas se propõem a ser o eixo articulador entre os conhecimentos da Física e os conhecimentos das disciplinas pedagógicas, consideramos importante conhecer quais as expectativas que os licenciandos têm dessa disciplina e o que eles pensam dos conteúdos e metodologias utilizadas para uma compreensão global das disciplinas oferecidas nesse curso.

Para este estudo, observamos, durante um ano, um grupo de licenciandos nas duas disciplinas citadas anteriormente (terceiro e quarto termos). Informou-se a eles que a participação da observadora tinha como objetivo apoiar o desenvolvimento da aula e coletar algumas informações para a tese que trataria da Didática da Física. Todavia, não foram totalmente explicitados os itens a serem observados, por isso chamamos a metodologia de observação participante, segundo a definição apresentada por Lüdke e André (1986) nas abordagens qualitativas da pesquisa em educação. Os acontecimentos foram descritos preenchendo informações relacionadas com os tópicos desenvolvidos na aula, os momentos da aula, a participação que a pesquisadora teve e as observações gerais, tomando como referencial o trabalho de Estrela (2006), que desenvolve um manual de técnicas e instrumentos para a observação pedagógica.

Em conclusão, o estudo mostrou que os licenciandos têm como principal expectativa o aprendizado de formas de passar da teoria à prática, a fim de criar novas possibilidades de desempenho profissional. Eles também têm a expectativa de saber quais são os aportes que cada campo de conhecimento oferece ao ensino de Física, para poder entender de que forma podem se relacionar conhecimentos de áreas diferentes da Física no exercício de seu ensino. Tais expectativas são condizentes com os dilemas que manifestaram sobre: ter a intenção de transformar o ensino tradicional e não encontrar caminhos possíveis; ter consciência da autonomia do professor, mas ao mesmo tempo sentir-se limitados pela pressão das normativas educacionais e curriculares; querer se distanciar da forma como aprenderam para praticar um ensino diferenciado, mas acabar replicando a mesma metodologia que rejeitam; e sentir que aprenderam Física mas não podem explicá-la satisfatoriamente.

Ao mesmo tempo, compreendemos que eles precisam superar visões ingênuas a respeito do trabalho em sala de aula com seus futuros alunos, como: a ideia de usar a experimentação somente como motivação; a desconsideração do impacto de suas posições ideológicas e políticas em sala de aula; a identificação de problemas de ensino reduzidos somente ao tratamento de preconcepções, objetivando transformá-las em concepções corretas; ou a falta de critérios para identificar e superar problemas de ensino.

3.2. Consolidação de objetivos, conteúdos e metodologias

Ao desenvolver os três estudos anteriores, encontramos uma grande diversidade de pensamento entre os diferentes atores envolvidos nos processos de ensino e aprendizagem da Didática da Física. Constatamos que não há um grupo definido de objetos de pesquisa entre os pesquisadores desse campo, mas uma ampla gama de linhas de pesquisa, cujos resultados podem contribuir para a formação inicial de professores no campo da Didática da Física.

Constatamos também que a presença de disciplinas associadas à Didática da Física nos currículos de formação inicial de professores ou obedece a visões instrumentalistas da Didática, ou à intenção de integrar diversos conhecimentos, porém sem que fique claro o que significa integrar conhecimentos nem quais conhecimentos integrar. E, finalmente, constatamos em um grupo de licenciandos que, mesmo depois de cursar várias disciplinas de Física e de Metodologia e Prática de Ensino de Física, continuam a ter visões ingênuas dos saberes próprios da profissão docente, especificamente do que significa ensinar Física.

Perante esse panorama, surge o problema de como selecionar, entre tanta diversidade de problemáticas, o que ensinar e como ensinar para formar os licenciandos nesse campo. Portanto, consideramos que é necessário consolidar uma proposta de critérios que permitam definir alguns objetivos, conteúdos e metodologias para o Ensino da Didática da Física, embasando-nos em dados obtidos nos três estudos anteriores e também em algumas propostas da literatura da área de Ensino de Ciências.

3.2.1. Quais os objetivos de ensinar Didática da Física?

Entendemos que o principal objetivo da disciplina é ensinar a ensinar Física, mas esse objetivo precisa de desdobramentos para uma melhor compreensão do que isso significa. Por exemplo, levar o futuro professor a superar as visões de ensino e aprendizagem a partir do senso comum, situação posta por Carvalho e Gil-Perez (1993), é um problema para cuja solução precisam ser desenvolvidos processos que levem o licenciando a revisar as formas de raciocinar sobre o que "sabe" e a compreender o que significa inovar metodologicamente em sala de aula, ao caracterizar problemas de ensino e aprendizagem, objetivando agir consequentemente em busca de uma solução.

De acordo com a literatura, autores como Marcelo (1999) consideram, como um dos desafios da formação de professores, superar o paradoxo entre o que se espera da prática profissional do futuro professor e a prática de ensino que ocorre na formação inicial. Portanto, constitui um objetivo oferecer um ensino da Didática da Física na formação de professores que considere as mesmas teorias que são ensinadas, a fim de que os licenciandos possam compreender a complexidade do ensino, tendo por base o seu próprio exercício de aprendizagem.

De outra parte, considerando a natureza interdisciplinar que deve caracterizar a prática do professor universitário de Didática da Física, encontrada tanto na literatura da Didática das Ciências quanto nas observações dos pesquisadores de Ensino de Física no Brasil, infere-se que outro objetivo importante é a formação do futuro professor numa visão que lhe permita aprender a inter-relacionar conhecimentos de diversas áreas para resolver problemas do ensino da Física. Portanto, o ensino da Didática da Física deve contribuir para a compreensão de possíveis formas de relacionar conhecimentos de outros campos disciplinares, além da Física, aos processos de ensino e aprendizagem de tópicos específicos.

Tal necessidade de formação é confirmada pelo estudo da presença da Didática da Física nos currículos de Licenciatura em Física, que mostrou como as disciplinas que visam formar para o ensino da Física precisam organizar seus programas indo além da somatória de conteúdos de disciplinas de diversas naturezas, para considerar a inter-relação entre elas. Da mesma forma, precisa-se superar a visão meramente instrumental da relação teoria e prática, no sentido de ensinar "receitas" de ensino, ou de criar recursos de apoio para sala de aula acreditando que são o todo da Didática da Física, já que esta última perspectiva gera visões ingênuas nos licenciandos.

Outro aspecto no qual encontramos convergências na literatura analisada é a necessidade de formar o licenciando tanto para desenvolver pesquisa quanto para considerar os resultados de pesquisa na formulação de suas estratégias de ensino de Física. Entendemos que tal perspectiva do professor enquanto pesquisador refere-se, principalmente, ao sentido colocado por autores como Elliott (1990), Gatti (2004) e Lüdke (2001), segundo os quais o professor deve aprender a estudar sua ação docente a fim de melhorar processos de ensino e aprendizagem.

Esse aspecto é também indicado por Nardi (2005) como um dos consensos entre pesquisadores da área, uma vez que, em geral, esses reconhecem a existência de saberes específicos para a prática e a pesquisa no ensino de Ciências e a necessidade de continuar avançando na discussão sobre o tema.

Segundo Astolfi e Develay (1989), a formação do licenciando deve ser feita a partir de reflexões proporcionadas pela Didática em relação a conteúdos, processos de ensino, modelos pedagógicos e à organização escolar, diferenciando-se, portanto, da pesquisa em Física.

A partir do estudo realizado com os pesquisadores em Ensino de Física citado anteriormente, concluímos que um dos núcleos que permitem articular conjuntos de "objetos de estudo" da pesquisa em Ensino de Física é o estudo sobre os processos de ensino e de aprendizagem, com foco: i) nos processos cognitivos de professores e alunos; ii) na comunicação em sala de aula; iii) no planejamento e desenvolvimento de metodologias de ensino; iv) na criação de dispositivos didáticos; v) no uso de recursos como laboratórios e tecnologias; vi) na relação professor/estudante/conteúdos; vii) na divulgação científica; viii) na transposição didática; dentre outros.

Nesse mesmo aspecto, segundo o estudo acerca das estruturas curriculares dos cursos de Licenciatura em Física no país, a formação para a pesquisa ainda está longe de ser uma realidade, uma vez que constatamos que a carga horária neste tópico é pequena, quando não inexistente. Em geral, espera-se que a formação nesse campo ocorra pelo desenvolvimento de um trabalho de conclusão de curso ou por meio da observação e intervenção no desenvolvimento do estágio supervisionado.

Assim, de forma resumida, podemos dizer que os principais objetivos do Ensino da Didática da Física são:

- contribuir na compreensão de formas de inter-relacionar conhecimentos vindos de diferentes campos disciplinares para a solução de problemas próprios do ensino de Física;
- contribuir para a superação de visões de senso comum sobre os processos de ensino e aprendizagem dos futuros professores;
- educar para a crítica reflexiva, tanto a partir do contexto, quanto do domínio de conteúdos e de sua própria ação docente;
- contribuir para a formação tanto para a pesquisa em Ensino de Física, quanto para se relacionar com os resultados de pesquisa da área;
- contribuir para a formação da identidade profissional, ao se apropriar de conhecimentos específicos do Ensino da Física.

3.2.2. Que tipos de conteúdos podem ser tratados?

Esta questão implica definir pelo menos um grupo-base de conhecimentos que possa constituir o *corpus* teórico da Didática da Física, em concordância com os objetivos propostos anteriormente, e que esse grupo se enquadre num campo intermediário entre: os conteúdos das ciências exatas e Matemática (com ênfase em Física), cujo objeto de estudo é a natureza; os conteúdos das ciências humanas, cujo objeto de estudo é o ser humano enquanto sujeito social; e os conteúdos das ciências sociais, cujo objeto de estudo são os grupos sociais e suas relações.

Portanto, consideramos que o Ensino da Didática da Física certamente não é o ensino de nenhum desses conteúdos em si, mas, segundo a literatura do Ensino de Ciências, são conteúdos organizados e combinados sobre problemas como: qual Física ensinar, como explicá-la, como inovar metodologias de ensino e aprendizagem, como detectar e considerar as preconcepções ou os modelos explicativos dos alunos, como gerar modelos e práticas adequadas a cada tipo de conteúdo e a cada contexto.

Tais problemas, ao serem considerados como objetos de estudo da Didática da Física, são difíceis de serem delimitados, já que vão mudando em função das perspectivas de ensino do professor e do pesquisador, e também vão se avolumando à medida que cresce a pesquisa na área. Apesar disso, podem ser agrupados em três núcleos inter-relacionados, que englobam conjuntos de "objetos de estudo".

De forma complementar, concluímos, com base na análise dos currículos das licenciaturas estudadas, que a maioria das disciplinas trabalha os conteúdos correspondentes às próprias disciplinas. Por exemplo, em História, espera-se que aprendam História, em Física, que aprendam Física, em Educação, que aprendam acerca de Educação etc. Somente um pequeno grupo de disciplinas objetiva inter-relacionar conhecimentos de diversos campos, porém podem existir diferentes perspectivas para assumir tais disciplinas integradoras. Alguns currículos oferecem uma articulação para temáticas específicas do ensino da Física, como a instrumentação e o uso do computador ou técnicas de ensino; outros, deixam para o licenciando a responsabilidade de articular os conhecimentos uns com os outros no momento de encarar a prática docente, o estágio supervisionado ou o trabalho de conclusão de curso e outros, ainda, consideram uma linha de disciplinas integradoras.

Assim, com relação ao objetivo de contribuir para a compreensão de formas de inter-relacionar conhecimentos vindos de diferentes campos disciplinares para a solução de problemas próprios do ensino de Física, um critério que permita selecionar e organizar conteúdos pode ser, por exemplo, a formação do professor a partir de reflexões e análises sobre a razão de ser de diversos campos disciplinares que contribuem na solução de problemas de ensino e aprendizagem da Física, a fim de poder articulá-los de forma coesa no planejamento de sequências de atividades.

De acordo com as propostas da literatura, os pontos de vista dos pesquisadores e os conteúdos generalizados nas ementas dos currículos, organizamos o Quadro 3.2, apresentando uma possibilidade de ligação entre diversos campos disciplinares que podem contribuir para a formação no Ensino da Física, a fim de esboçar uma possível estrutura de conteúdos para o Ensino da Didática da Física, mesmo considerando que podem existir outros campos disciplinares e outras possibilidades de inter-relação.

Organizamos tais campos em três grupos, caracterizados em função do papel que podem ter no processo de formação do licenciando para revisitar o tratamento de conteúdos da Física sob diversos condicionantes. O primeiro grupo engloba os conteúdos a serem ensinados pelos licenciandos com foco na Física e inter-relacionados com a Matemática e outras ciências exatas; o segundo grupo engloba conhecimentos que permitem dar determinados tratamentos aos conteúdos da

Física embasados em conhecimentos de disciplinas como Educação, Epistemologia, Filosofia, História, Linguagem, Pedagogia, Psicologia da Aprendizagem, Sociologia e Antropologia, além de resultados de pesquisa na área; o terceiro grupo engloba conhecimentos que enriquecem a interação em sala de aula por meio do uso das tecnologias da informação e comunicação (TICs), da experimentação e dos recursos bibliográficos.

Quadro 3.2 – Esboço da organização de conteúdos para o Ensino de Didática da Física, a partir de uma possível ligação entre diferentes campos do saber

Conteúdos de Física
Física ⇒ Oferece o conhecimento científico acerca dos fenômenos da natureza e formas de pensamento para entender o mundo.
Matemática ⇒ Relaciona-se com o conhecimento científico ao ser parte tanto de processos de compreensão da natureza quanto de formas de descrevê-la e explicá-la.
Outras ciências exatas ⇒ Oferecem complementaridade do conhecimento científico sobre os fenômenos da natureza.
Conteúdos que permitem tratamentos específicos dos conteúdos da Física
Educação ⇒ Permite entender os objetivos do ensino da Física dentro de uma determinada organização escolar e em diversas situações educacionais. Contribui para a definição da identidade profissional e na educação para a diversidade. Contribui para o enriquecimento de processos de avaliação.
Epistemologia ⇒ Permite identificar obstáculos epistemológicos e perfis conceituais a fim de formular situações-problema que dinamizem os processos em sala de aula. Contribui para a reflexão sobre as formas como se constrói o conhecimento científico.
Filosofia ⇒ Contribui para a análise das visões sobre a natureza da ciência e para a análise da natureza dos fenômenos físicos com suas diversas interpretações filosóficas.
História ⇒ Possibilita análises de descobertas em contexto e recontextualização da formulação de leis e princípios físicos. Contribui para a compreensão da evolução do pensamento científico e permite desmitificar estereótipos sobre a ciência e sobre o cientista.
Linguagem ⇒ Permite entender formas de enriquecer a comunicação em sala de aula e a relação entre a linguagem e o desenvolvimento do pensamento. Oferece métodos e técnicas de pesquisa na área.
Pedagogia ⇒ Contribui para a compreensão da interação entre docentes e alunos sobre a aprendizagem da Física. Enriquece as metodologias de ensino a partir da análise e interpretação das diversas correntes pedagógicas, como perspectiva CTS e ensino por pesquisa.
Psicologia da Aprendizagem ⇒ Permite estudar os processos de aprendizagem dos alunos ao compreender as formas como esses desenvolvem seu raciocínio ou constroem seus modelos mentais.

(continua)

(continuação)

Pesquisa em Ensino da Física ⇒ Oferece subsídios para a reflexão e o enriquecimento das metodologias de ensino da Física. Apresenta os atuais desafios da área. Fortalece a identidade profissional. Apresenta perspectivas e métodos de pesquisa na área.
Sociologia e Antropologia ⇒ Contribuem para a fundamentação teórica, metodologias e perspectivas sobre a pesquisa na área. Permitem perceber a interação como motor de desenvolvimento da sala de aula.
Conteúdos que enriquecem a interação em sala de aula
TICs ⇒ Dinamizam as atividades em sala de aula por meio do uso de software e simulações, uso da informação na internet, interação virtual, recursos audiovisuais, apoio a práticas experimentais.
Recursos bibliográficos ⇒ Oferecem fundamentação teórica e material de trabalho em sala de aula por meio de livro didático, livros resultantes de pesquisa em Física e em Ensino de Física, consulta on-line, periódicos e divulgação científica.
Experimentação ⇒ Permite atingir objetivos do ensino de Ciências, como o desenvolvimento do pensamento lógico e as habilidades para a resolução de problemas. Contribui para a compreensão dos conceitos científicos e promove atitudes positivas de comunicação e cooperação.

Fonte: Os autores.

Não se trata de acreditar que, a partir da aprendizagem da Didática da Física, os alunos transformem-se em especialistas em cada um desses campos de conhecimento, mas que possam aprender a elaborar critérios de seleção de uns ou outros conhecimentos na hora de tratar os conteúdos da Física em ambientes educacionais.

Ressaltamos que os "conteúdos que enriquecem a interação em sala de aula", segundo o quadro anterior, não pertencem a uma ciência específica, mas são saberes que estão presentes em todos os campos e costumam ser utilizados na formação para o ensino da Física através de disciplinas específicas.

O uso das tecnologias da informação e comunicação (TICs), os recursos bibliográficos e os recursos de experimentação precisam ser estudados em suas reais dimensões, a fim de possibilitar o desenvolvimento do objetivo de "contribuir para a superação de visões de senso comum sobre os processos de ensino e aprendizagem dos futuros professores", uma vez que precisam ser entendidos à luz das teorias de ensino e das possibilidades de enriquecimento das interações.

Assim, à medida que o licenciando vai adquirindo noções de como inter-relacionar conhecimentos desse tipo no planejamento de estratégias de ensino, vai compreendendo qual é seu campo de ação, o que permitirá alcançar o objetivo de "contribuir na formação da identidade profissional ao se apropriar de conhecimentos específicos sobre o ensino da Física", uma vez que ele poderá aprender a caracterizar problemas de ensino e aprendizagem da Física, posicionar-se ideologicamente, criar a necessidade de adquirir conhecimentos básicos em todas essas áreas relacionadas com seu exercício profissional ou de aproveitar resultados de pesquisa que apresentem formas de inter-relação ajustadas ao tratamento dos conteúdos da Física, tendo como resultado a construção de seu conhecimento próprio enquanto professor.

Com relação aos objetivos de formar para a crítica reflexiva, tanto de sua realidade, quanto de seu domínio de conteúdos e de sua própria ação docente e "contribuir para a formação tanto para a pesquisa em Ensino de Física, quanto para se relacionar com os resultados de pesquisa da área", consideramos que dependem em grande parte das metodologias utilizadas para o ensino dos conteúdos da Didática da Física, já que é na forma de aprender que o estudante deve encontrar a coerência entre o que se espera que aprenda enquanto licenciando e o que se espera que ensine enquanto professor.

3.2.3. Quais metodologias podem ser mais coerentes com os objetivos e os conteúdos?

Um aspecto que aparece reiteradamente, tanto na literatura quanto nos estudos que realizamos, é o paradoxo entre as metodologias de ensino na formação inicial de professores e as metodologias esperadas dos licenciandos em suas futuras aulas. Assim, o primeiro critério para selecionar metodologias apropriadas é a coerência entre o que se ensina e o que se faz nas aulas associadas à Didática da Física.

Segundo a literatura, espera-se atualmente que o professor seja formado como profissional crítico/reflexivo, o que significa que deve ser formado em habilidades metacognitivas para refletir tanto sobre o funcionamento do ambiente no qual está envolvido quanto sobre seu próprio conhecimento e suas ações, especialmente sobre as formas como poderia levar diversos alunos a se introduzirem no mundo da Física. Portanto, as metodologias utilizadas devem propiciar ao licenciando não só o aprofundamento dos seus conhecimentos de Física, como também a construção de conhecimentos a respeito de como ensinar os conteúdos da Física e que lhe permitam entender por que e para que ensinar um determinado conteúdo num determinado contexto.

As atividades devem proporcionar reflexões críticas das realidades pedagógico-sociais do ensino da Física, o que, por sua vez, implica envolver os professores em reflexões sobre seu conhecimento da Física e suas próprias formas de entender o ensino. Mas é importante distinguir entre reflexões que resultem em discussões superficiais e aquelas que conseguem impactar e transformar ideologias, conhecimentos ou atitudes, num claro comprometimento com o crescimento do licenciando como profissional crítico e reflexivo que, por sua vez, educará outras pessoas para a crítica reflexiva. Portanto, é determinante o desenvolvimento de atividades que gerem interações entre professor e licenciandos, entre os próprios licenciandos, entre licenciandos e pesquisadores, além de exercícios de autorreconhecimento.

Ou seja, a prática do ensino da Didática da Física deve conter pelo menos exercícios de autorreconhecimento, trabalho colaborativo, trabalho de análise e trabalho propositivo. É claro que em um curso de licenciatura ou de atualização docente não será possível estudar todos os problemas do ensino da Física, nem pôr em prática todas as metodologias que o professor realizará em seu exercício profissional, mas é preciso prepará-los com critérios gerais que lhes permitam adequar-se a diversas situações.

Outro aspecto que aparece no estudo das estruturas curriculares, com relação a inovações metodológicas para o ensino, é a intenção de introduzir melhorias em cursos de formação de professores por meio da utilização mais frequente de tecnologias. Embora isso possa contribuir positivamente, consideramos que é preciso superar a visão instrumentalista da Didática, por exemplo, trabalhando os recursos tecnológicos a partir de novas perspectivas de seu uso, de forma complementar com o estudo de outros recursos como o livro didático, os resultados de pesquisa e os laboratórios.

Portanto, compreendemos que o ensino da Didática da Física deve oportunizar atividades que propiciem análises teóricas, acompanhadas de experiências práticas com o uso de diversos recursos envolvendo tópicos de Física, sempre alertando para que esse uso se faça conscientemente e com fundamento, evitando passar a ideia de que os recursos de apoio, por si mesmos, são a solução para os problemas do ensino e da aprendizagem.

Também encontramos nos estudos realizados o problema de como formar o professor para uma prática de avaliação permanente e integral do aluno, afastando-se de provas-padrão que não avaliam o desenvolvimento do aluno, e sim o domínio de conteúdos pontuais. Para isso, espera-se que o professor garanta o fluxo da comunicação com seus alunos, a fim de poder acompanhá-los na evolução de suas ideias. Mas, dada a dificuldade de levar essa teoria à prática, consideramos importante trabalhar a Didática da Física através de atividades que permitam uma avaliação permanente e inclusiva dos licenciandos, o que não implica um abandono absoluto das provas escritas.

De acordo com as ideias anteriores, consideramos que a metodologia de ensino da Didática deve propiciar processos de (re)conhecimento dos diversos saberes que são necessários para o desenvolvimento de um professor de Física, trabalhando de forma a inter-relacionar esses saberes através de diversas problemáticas.

Portanto, consideramos determinantes as estratégias metodológicas em sala de aula que permitam realmente produzir e orientar debates, reflexões e atividades envolvendo trabalhos individuais e/ou coletivos.

Com relação ao debate como estratégia de ensino, privilegiamos a linha exposta por Alarcão (2003), segundo a qual esse tipo de atividade deve estimular o desenvolvimento do pensamento crítico-reflexivo, visando a analisar diversas situações não só para encontrar possíveis soluções ou apresentar críticas imediatas, mas para ganhar perspectivas cada vez mais abrangentes sobre o papel do professor na sociedade, enquanto profissional do ensino da Física.

Com relação ao trabalho individual e coletivo em sala de aula, embasamo-nos em propostas como a de Silva e Villani (2009), que colocam os alunos como protagonistas do seu próprio aprendizado, promovendo a cooperação e o debate de ideias, que lhes permite elaborar suas argumentações e se formar na autonomia ao propiciar que eles aprendam a ouvir e se fazer ouvir, a desenvolver linguagem científica e a resolver problemas por conta própria. Também a dinâmica de grupos, segundo Barros e Villani (2004), exige que a intervenção do professor seja para orientar e discutir a produção dos alunos de forma contínua e elaborada.

A fim de ampliar nossas possibilidades de planejamento das atividades, ao levar em consideração os objetivos e os conteúdos a partir das propostas dos referenciais, e na tentativa de nos afastar do ensino tradicional, optamos por estabelecer e definir nove possíveis dinâmicas de interação a serem desenvolvidas em sala de aula, sem querer, com isso, esgotar as possibilidades metodológicas, mas apenas ilustrar o surgimento de opções baseadas nas proposições anteriores. Tais dinâmicas são:

1. *Dinâmica "do individual ao coletivo".* Consiste em iniciar a aula com atividades que estimulem reflexões individuais, as quais poderão ser socializadas posteriormente em duplas de licenciandos, depois em grupos maiores e, finalmente, socializadas para todo o grupo, ou por meio de um representante de cada grupo ou de perguntas do professor, a fim de socializar com todos os resultados de cada grupo. O objetivo é planejar o material a ser trabalhado em cada uma das fases, para orientar as discussões, controlar o tempo e ir focando no tópico de interesse.

2. *Dinâmica "do coletivo ao individual".* Consiste em apresentar ao grupo um problema ou tópico a ser tratado na aula, solicitando a opinião livre dos licenciandos sobre formas de resolvê-lo ou pontos de vista sobre o problema, a fim de ir detectando as diversas linhas de pensamento. Em seguida, organizam-se grupos de acordo com as formas de pensamento, pedindo para se juntarem por afinidade ou discordância ideológica. Posteriormente, retorna-se à socialização com o grupo todo para finalizar com uma atividade de produção escrita individual, a fim de permitir que os licenciandos decantem as aprendizagens ocorridas durante a aula. Da mesma forma que na dinâmica anterior, é importante o planejamento do material para cada fase e a orientação permanente do professor.

3. *Dinâmica "o trabalho colaborativo".* Consiste em organizar um determinado tópico em subtópicos, a fim de dividir a turma em tantos grupos quantos houver subtópicos, pedindo para cada grupo resolver

um problema diferente ou uma parte diferente do mesmo. Posteriormente, faz-se rodízio da produção entre os grupos, de tal forma que as soluções oferecidas por um grupo possam ser analisadas e complementadas por outro grupo, e assim sucessivamente, até conseguir que todos os grupos tenham acesso a todas as partes. Depois, procede-se à socialização final, sempre com a orientação do professor e com material adequado, a fim de evitar que os alunos se limitem à crítica irreflexiva ou injusta da produção de seus colegas e progridam para um trabalho propositivo.

4. *Dinâmica "a pesquisa"*. Consiste em preparar um questionário para ser aplicado no começo da aula sem o requisito de identificar o autor das respostas. Esse questionário poderá ter diversos fins: detectar ideologias e preconcepções, gerar questionamentos etc. Solicita-se então aos alunos avaliar os resultados do questionário, de forma individual ou coletiva, mas sempre fornecendo o roteiro de avaliação com critérios de análise estabelecidos.

Posteriormente, orienta-se a análise dos resultados obtidos com a respectiva fundamentação teórica que permitiu a elaboração do questionário, acompanhando os alunos num breve processo de pesquisa que os leve a descobrir categorias e interpretá-las, para fechar a dinâmica com a socialização e conclusões do tópico estudado.

5. *Dinâmica "o rodízio"*. Consiste em organizar o grupo em um só círculo e pedir para os licenciandos produzirem material escrito de forma individual em função das perguntas ou tópicos que estejam estudando. Posteriormente, pede-se ao aluno que passe sua folha para o colega que se encontra à direita, a fim de que esse possa, por escrito, avaliar, questionar, criticar, complementar etc. a produção de seu colega, de acordo com as condições estabelecidas pelo professor. Depois de fornecer um tempo adequado (alguns minutos), o professor pede para que se continue a passar a folha, sempre ao colega da direita, até cada um ficar com sua própria. Por fim, pede-se para cada licenciando refletir sobre o que seus colegas escreveram e abre-se o diálogo para lhe permitir expressar o que aprenderam, o que gostariam de discutir etc.

6. *Dinâmica de "retroalimentação"*. Prevê-se que nesta dinâmica o professor organize dados a partir dos resultados apresentados pelos

alunos nas diferentes atividades relacionadas com o ensino de um tópico. Antes da aula, o professor analisa essas informações visando interpretar os significados em termos de, por exemplo, consensos dos alunos, pontos a debater, conceitos que precisam de estudos mais aprofundados, descrição da realidade etc. Assim, no processo de retroalimentação, o professor apresenta os resultados das análises e abre o diálogo com os licenciandos, a fim de contribuir para o exercício metacognitivo de reconhecimento dos saberes dos alunos.

7. *Dinâmica "o debate".* O professor apresenta na aula uma problemática real existente na sociedade, na literatura, na academia etc. Explica para os licenciandos quais as razões de essa problemática existir e o porquê de ainda não ser um assunto resolvido. Posteriormente, o professor entrega aos alunos diferentes textos relacionados ao tema, a fim de que estes os leiam e se aprofundem na compreensão da problemática, selecionando nesses textos, por exemplo, posições contrárias ou discursos que gerem controvérsias, visando gerar debates. Pede-se para estes se reunirem em grupos, a fim de responder por escrito algumas questões preparadas pelo professor, visando levá-los a esclarecer seus pontos de vista e possíveis caminhos na resolução de tal problema. Finalmente, abre-se o debate a fim de confrontar as posições tomadas pelos diferentes grupos. Busca-se, dessa forma, levar os alunos a se posicionarem em público com relação a suas concepções sobre os tópicos colocados pelo professor e, portanto, contribuir na formação para a crítica reflexiva.

8. *Dinâmica "o relógio".* A distribuição dos alunos na sala é feita em dois círculos concêntricos; os alunos do círculo interior ficam fixos, e os alunos do círculo exterior vão se deslocando de uma posição à próxima, cada vez que o professor indicar. O posto ímpar ocorre no caso de o total de alunos da turma ser ímpar, ocasião em que um dos alunos ficará sem par. O resultado é que os alunos ficam organizados em duplas, olhando-se frente a frente; assim, quando o professor pede para os alunos do círculo exterior se deslocarem para a posição à direita, as duplas mudam de integrantes, permitindo uma nova interação, e assim sucessivamente até conseguir a interação de todos do círculo exterior com todos do interior, sempre por duplas, como é indicado na Figura 3.1.

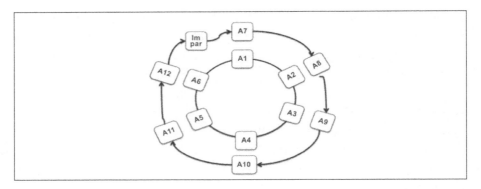

Figura 3.1 – Distribuição dos alunos na dinâmica do relógio. Os símbolos A1, A2 etc., representam cada um dos alunos.
Fonte: Os autores.

Essa dinâmica pode ser aproveitada para diversos fins em função do tópico que esteja sendo trabalhado e dos objetivos propostos, de acordo com o tipo de reflexão, discussão, socialização, análise etc. Por exemplo, para o caso da Figura 3.1, podem ser entregues seis questões escritas sobre um determinado tópico, uma para cada licenciando do círculo interior, a fim de que ele dialogue com o colega da frente. Assim, cada aluno do círculo interior poderá receber seis opiniões sobre a mesma questão, e, por sua vez, cada aluno do círculo exterior poderá responder às seis questões sobre o tópico escolhido. Posteriormente, abre-se o diálogo com a turma toda para intercambiar ideias e aprofundar a análise do tópico estudado.

9. *Dinâmica de "coavaliação"*. Busca propiciar situações nas quais os licenciandos possam avaliar seus colegas; para tanto, é necessário lhes fornecer os critérios e o material adequado. Assim, por exemplo, pode ser criado um roteiro contendo aspectos a serem avaliados nas falas ou nas produções escritas dos colegas por meio do uso de uma escala que permite ao avaliador indicar o grau de aceitação com relação aos aspectos colocados, ou podem ser criados mecanismos de intercâmbio de materiais produzidos pelos alunos a fim de serem lidos e, com base nisso, solicitar aos alunos "avaliadores" uma interpretação desses materiais, para que posteriormente sejam socializados.

Essas dinâmicas geram ambientes de interação em sala de aula que propiciam a avaliação permanente e inclusiva, sempre que os licenciandos compreendem e compartilham as metodologias adotadas para avaliar cada um dos conteúdos trabalhados.

4
AS DIMENSÕES COMO EIXOS ARTICULADORES

Dadas a complexidade e a amplitude dos tópicos a serem tratados na Didática da Física, consideramos necessário identificar aspectos gerais que englobassem subtópicos e que, por sua vez, permitissem a utilização de metodologias condizentes com o que se pretende ensinar. Portanto, com base no exposto, organizamos uma possibilidade de estrutura para um curso de Didática dessa disciplina.

Ao considerar os objetivos propostos anteriormente, vimos que é preciso que, ao longo de todo o aprendizado da Didática da Física, o licenciando possa evidenciar a ação de conhecimentos vindos de diferentes campos: conteúdos específicos das ciências, conteúdos que auxiliam o tratamento dos conteúdos da Física em processos de ensino e conteúdos que enriquecem a interação em sala de aula.

Isso significa que as metodologias de trabalho a partir dos conteúdos específicos devem privilegiar a reflexão sobre os conhecimentos do licenciando, sendo a metacognição uma das metodologias mais apropriadas. Entretanto, as metodologias de trabalho que auxiliam o tratamento dos conteúdos específicos devem propiciar o debate e a construção coletiva, uma vez que é preciso analisar resultados de pesquisa e suas diversas interpretações a fim de ir permitindo aos licenciandos a consolidação de suas concepções.

Além disso, consideramos utilizar resultados da pesquisa para serem integrados às atividades de formação dos licenciandos, com ênfase na necessidade de orientá-los na compreensão da relação entre as possibilidades que oferece a teoria e as possibilidades da prática. Para tanto, consideramos que a busca de materiais e recursos de apoio para o desenvolvimento das aulas deveria se embasar principalmente em resultados de pesquisa relacionados a grupos de conteúdos, procurando pesquisas que contribuam com o estudo de conceitos da Física, com o tratamento desses conceitos em sala de aula e com as dinâmicas e interações em sala de aula.

Finalmente, entendemos que seria importante poder apresentar aos licenciandos uma estrutura que lhes permitisse perceber seu progresso na aprendizagem da Didática da Física por meio de uma estrutura que envolvesse uma determinada lógica. Dessa forma, o licenciando poderia entender que existe verdadeiramente um conhecimento particular a ser aprendido nesse campo, o qual precisa ir adquirindo gradativamente.

Com base nas considerações anteriores, acreditamos que a Didática da Física como uma das disciplinas importantes da formação inicial de professores tem ao menos três dimensões interdependentes que podem levar o licenciando a aprofundar-se gradativamente na compreensão do ensino em seu campo. Elas são: *dimensão disciplinar*, *dimensão sociocultural* e *dimensão de interação*.

1. A *dimensão disciplinar* privilegia conteúdos e metodologias que levem os licenciandos a reflexões de tipo metacognitivo a partir dos conceitos de Física que dominam e/ou que precisam dominar.
2. A *dimensão sociocultural* privilegia conteúdos e metodologias que promovem análises e posicionamentos críticos/reflexivos do ensino da Física em diversas situações educacionais.
3. A *dimensão de interação* propicia análises críticas e exercícios práticos sobre o uso de recursos de apoio em sala de aula, a fim de enriquecer as formas de interação.

Assim, a dimensão disciplinar leva-o a reconhecer seu próprio domínio de conteúdo, e tal conteúdo será pensado em termos de como orientar outras pessoas a adentrarem esse mundo por meio da dimensão sociocultural, para finalmente, com base no conhecimento consolidado nas duas dimensões anteriores, pensar em formas de enriquecer a interação em sala de aula.

Não podemos dizer que exista uma dimensão pedagógica, pois consideramos que as três dimensões propostas estão mediadas pelo conhecimento pedagógico, uma vez que, por meio de cada dimensão, caracterizamos o tipo de objetivos, conteúdos e metodologias que permitirão desenvolver uma determinada prática de ensino. Quanto a essa ideia, concordamos com Severino (2007), quando afirma que o campo do conhecimento pedagógico não tem objetos de conhecimento que possam ser manipulados, mas pode auxiliar na orientação de uma abordagem filosófica dos conteúdos a serem ensinados.

Consideramos, então, que nem a Pedagogia é subordinada à Didática, nem a Didática é subordinada à Pedagogia; são dois campos complementares, ou seja, podem-se utilizar saberes da Didática para desenvolver modelos pedagógicos, mas também podem-se utilizar conhecimentos da Pedagogia para ensinar a ensinar Didática ou a desenvolver metodologias de ensino. Nesse caso, estamos estudando a ação pedagógica de ensinar a Didática da Física.

Por último, salientamos que a distribuição dos diversos conteúdos nas três dimensões não significa que tais conteúdos devam ser tratados somente no interior de cada dimensão, mas que os conteúdos específicos de uma dimensão podem ser complementares nas outras. Por exemplo, o uso de práticas de laboratório é objeto de estudo na *dimensão de interação*, porém, pode ser recurso de apoio em diferentes momentos das outras dimensões. Na sequência, apresentamos uma caracterização dessas dimensões de acordo com o tipo de conteúdos e metodologias que permitiriam tratar.

4.1. Dimensão disciplinar

Trata o (re)conhecimento do saber disciplinar da Física. Nesta seção, consideramos que a qualidade do ensino ministrado pelo professor de Física (e sua autonomia) melhora à medida que aumenta a capacidade de (re)conhecimento do seu saber da Física. Portanto, nesta dimensão privilegia-se a perspectiva metacognitiva, a fim de revisar as visões construídas pelos licenciandos sobre a Física que sabem e as formas como consideram que construíram, constroem e construirão seu próprio conhecimento da Física. Apoia-se, principalmente, em saberes disciplinares de Física, História das Ciências, Epistemologia da Física e Filosofia da Física, e em resultados de pesquisa na área.

A organização de conteúdos para essa dimensão parte do pressuposto de que os alunos têm estudado e aprendido conteúdos da Física buscando, principalmente, compreender os fenômenos físicos que descrevem a natureza e ganhando, assim, saberes profissionais com relação ao desenvolvimento da Física. Esses são saberes que, no âmbito da formação para o ensino, precisam de um tratamento adicional, que leve o licenciando a (re)pensá-los a partir de suas próprias convicções.

É por isso que é importante privilegiar os exercícios de tipo metacognitivo, a fim de orientar uma tomada de consciência das explicações que os licenciandos dão a diversos fenômenos da Física, as formas como resolvem os problemas de Física e o nível de coerência que eles encontram entre a forma como falam da Física e o que sabem dessa ciência. Também, simultaneamente, o que falam do Ensino da Física e o que propõem levar à prática.

Para tanto, acreditamos que conhecimentos da História e da Filosofia da Física podem ser apropriados a esse propósito, uma vez que esses campos disciplinares propiciam o tratamento dos conteúdos científicos a partir de olhares diferenciados e com perguntas que fogem à forma tradicional de apresentar a Física, o que obriga o professor a se distanciar para (re)pensar aqueles conhecimentos que já havia aprendido.

Por sua vez, a Epistemologia contribui nesse sentido porque a natureza dessa disciplina trata da compreensão das organizações conceituais e, portanto, permitiria acompanhar o licenciando na identificação de seus esquemas explicativos dos fenômenos físicos. Embora os exercícios de tipo epistemológico estejam sempre relacionados com a História e a Filosofia da Física, acreditamos que é importante levar o licenciando a diferenciar os objetos de estudo desses três campos com suas respectivas formas de contribuir na compreensão da Física.

Assim, a função desses campos disciplinares é principalmente a formulação de problemas relacionados à compreensão dos conceitos de Física a serem resolvidos pelos licenciandos. Tais problemas devem criar questionamentos acerca das crenças que os licenciandos têm de tópicos como "os problemas da Física", "os modelos explicativos", "a natureza dos conceitos", "os observáveis", aspectos que se costuma supor que ficaram claros e compreendidos com o aprendizado da Física, ou ainda da História e da Filosofia da Física, mas que, de fato, apresentam uma grande complexidade que influencia as formas como se pretende ensinar a Física.

Saber como as teorias da Física evoluíram, quais pensadores fizeram contribuições, os momentos cruciais da história da Física, as correntes de pensamento que produziram avanços, retrocessos ou bloqueios da produção científica, entre outros, são, claramente, conhecimentos que todo professor de Física deve ter. Porém, não são esses os conhecimentos a serem levados de forma direta para processos de ensino de Didática da Física; esses são conhecimentos que orientam as estratégias de ensino, por exemplo, formando para a transposição didática ao entender, de maneira consciente, todos os aspectos que ela envolve, a fim de compreender o significado de visões da natureza das ciências com suas implicações no ensino.

Na atualidade, existem pesquisas que têm estudado a inter-relação desses campos e que certamente são parte dos conteúdos a ser trabalhados nesta dimensão. Hoje há linhas de pesquisa que tratam dos usos de História, Filosofia e Epistemologia no ensino de Física que auxiliam na criação de estratégias e de materiais a serem utilizados para melhorar os processos de ensino.

4.2. Dimensão sociocultural

Trata-se da análise do Ensino de Física para diferentes situações e realidades educacionais. Busca orientar a compreensão das bases da interação em sala de aula, as formas de adequar o ensino e os fatores que constituem um processo de ensino e aprendizagem de conceitos físicos em contextos diversos. Apoia-se principalmente em saberes disciplinares de Física, Psicologia, Linguagem, Sociologia, Pedagogia e Educação, e em resultados de pesquisa na área.

Partimos do pressuposto de que é preciso formar o licenciando para superar a ideia de que só aprenderá a ensinar no momento em que estiver exercendo a prática profissional. Embora seja verdade que a partir da prática profissional o professor aprende e aperfeiçoa métodos e conteúdos de ensino, também é verdade que o professor precisa de formação para explorar a prática e assumir posições críticas e reflexivas sobre a sua ação.

O professor deve se conscientizar de que a aprendizagem com base na prática não é simplesmente a partir do ensaio e erro, mas que é preciso ter-se formado para a reflexão e a crítica do que se faz. Portanto, essa dimensão engloba conhecimentos por meio dos quais seja possível levar os licenciandos a pensar o que significa colocar seu conhecimento da Física em âmbitos educacionais, pensando em aspectos como: formas de aprendizagem de diversos tipos de alunos em diferentes realidades educacionais; possibilidades de considerar correntes pedagógicas, como a embasada na perspectiva CTS; e a importância da formação para a autonomia e a reflexão, a fim de encarar os dilemas que o dia a dia de sua prática profissional pode apresentar.

Com relação ao ensino, em diversas situações podem ser trabalhados aspectos como os condicionantes para o ensino de um determinado conceito de Física para alunos com necessidades especiais, crianças, adultos e alunos regulares. Busca-se, principalmente, utilizar metodologias que levem o licenciando a refletir sobre as variáveis que atuariam em cada caso e o que isso demanda em sua autoformação e em seu exercício profissional. Assim, pode-se orientá-lo para a compreensão da necessidade de inter-relacionar saberes de disciplinas como: Psicologia da Aprendizagem, para compreender formas de adequar o nível de complexidade em que são apresentados os fenômenos físicos; Linguagem, para estudar estratégias de interação que garantam a comunicação entre as partes; Sociologia, para entender os comportamentos de certos grupos e os possíveis interesses na aprendizagem da Física; Pedagogia, para enriquecer as possibilidades de diversos métodos de ensino e de interação em sala de aula; e Educação, para compreender o porquê das estruturas curriculares e os objetivos do ensino das disciplinas que as compõem.

Nessa dimensão seria possível discutir os cuidados que deveriam ser tomados para otimizar o planejamento de um processo de ensino a partir de relações CTSA, indo além da tendência de inserir a perspectiva CTS só a partir de sua história, ou do estudo de aparelhos tecnológicos ou de reflexões críticas que, muitas vezes, dão enfoque a aspectos sociológicos e acabam esquecendo a compreensão dos conceitos físicos.

Nessa dimensão sociocultural também podem ser orientadas reflexões sobre as próprias ações e reflexões para a ação, dicutindo suas convicções de por que e para que ensinar um determinado conceito utilizando uma determinada metodologia, e analisando os possíveis impactos da tomada de diversas decisões em sala de aula, ou para preparar-se antes de ministrar uma aula, ou para refletir depois de

Didática da Física

ministrá-la, analisando tanto as consequências de suas ações no desenvolvimento dos alunos quanto as consequências do comportamento dos alunos no desenvolvimento do professor, a fim de melhorar processos. Nessa dimensão é possível mostrar que ensinar não tem receitas fixas, mas princípios que podem orientar melhorias em seu exercício profissional, de forma permanente.

4.3. Dimensão de interação

Trata-se de enriquecer e qualificar a intervenção em sala de aula. Adquirir ou aperfeiçoar o conhecimento de recursos que podem auxiliar o professor na projeção de sequências didáticas. Objetiva fazer com que os licenciandos adquiram competências para desenvolver critérios que lhes permitam julgar os recursos mais apropriados para o ensino de diversos tópicos da Física, nos diversos níveis de aprendizagem, situações e realidades. Apoia-se principalmente em saberes de Física, tecnologias da informação e comunicação (TICs), prática experimental, referenciais bibliográficos e resultados de pesquisa na área.

Partimos do pressuposto de que o uso de recursos como o laboratório didático, as tecnologias da informação e comunicação ou o livro didático é o que costuma ser entendido como a Didática da Física no senso comum. Nesta proposta, com base nos estudos levantados, consideramos que planejar um curso de Didática da Física é muito mais do que pensar em diversas formas de usar esses recursos, já que a inserção deles nos processos de sala de aula implica dominar conhecimentos como os apresentados anteriormente, tanto na dimensão disciplinar quanto na dimensão sociocultural.

Portanto, o trabalho na dimensão de interação deve contribuir na superação de visões reducionistas e ingênuas, como a de que inserir algum desses recursos numa aula implica, necessariamente, a melhora do ensino ou ainda uma "inovação", já que, muitas vezes, ao ser inseridos com base no senso comum, acabam limitando os processos mais do que os auxiliando.

Desse modo, essa dimensão visa a educar o professor na consolidação de critérios para enriquecer e qualificar sua intervenção em sala de aula ao adquirir conhecimentos de uma gama de recursos que podem potencializar os processos com os quais busca atingir os objetivos de ensino, complementar ou facilitar os canais de comunicação com os alunos em função dos contextos, contribuir na adequação dos níveis de complexidade dos conteúdos a serem ensinados e dinamizar as formas de interação.

Busca-se ir além do entendimento da dimensão de formação técnica do professor, que abrange, por exemplo, o ensino do modo de usar a lousa ou manusear equipamentos. Embora esses aspectos devam ser considerados, entende-se que são apenas dois dos muitos aspectos que podem auxiliar o planejamento e desenvolvimento de atividades em sala de aula. Nesta proposta, consideramos três tipos de recursos: o laboratório, as tecnologias e os livros didáticos, alertando para a existência de vários outros recursos.

Com relação à experimentação, propõem-se atividades que permitam estudar a riqueza do uso do laboratório para orientar a construção de explicações por parte dos alunos, comparar argumentos entre colegas, dialogar com as explicações oferecidas pela literatura científica, indo além do seu uso como mera motivação dos alunos ou como método para descontrair a aula.

Para tanto, pode resultar apropriada a abordagem experimental com diversas finalidades, por exemplo, analisar a lógica de um experimento de pensamento, estudar as possibilidades de demonstração de uma lei física, comprovar uma teoria, elaborar arranjos experimentais que permitam resolver um problema, entre outras. Pretende-se sempre privilegiar os aspectos que determinam a interação do aluno com a prática experimental, como o tipo de linguagem utilizada, o problema que foi resolvido, as formas de representar os dados encontrados, a logística necessária para cada arranjo etc.

Com relação ao uso de TICs, partimos do pressuposto de que é um tópico que precisa ser trabalhado com maior aprofundamento na formação de professores, especialmente nas disciplinas relacionadas à Didática da Física. O uso desses recursos requer professores com domínio dos conteúdos a ensinar, com domínio das TICs e com plena consciência de como e por que utilizar uma determinada tecnologia em um determinado contexto educacional, condições que ajudam a entender a dimensão real das possibilidades que oferecem as tecnologias para enriquecer as interações em sala de aula e contribuir de forma efetiva no ensino e na aprendizagem da Física.

Com relação ao uso de materiais bibliográficos, atualmente conta-se com uma ampla variedade deles, como resultado das facilidades oferecidas pelas tecnologias da informação e comunicação, que permitem fazer consultas on-line instantâneas, obter livros e artigos de pesquisas e de divulgação científica de forma gratuita ou não, mas de acesso relativamente fácil. Portanto, consideramos que é preciso ampliar a visão do que usualmente se considera como material bibliográfico em sala de aula, que costuma se limitar praticamente ao uso do livro didático, sistemas apostilados ou materiais já prontos, para a resolução de exercícios teóricos e proposta de tarefas, organizados para e por outros.

PARTE III
UMA PRÁTICA DE ENSINO
A PARTIR DAS TRÊS DIMENSÕES

Nesta parte apresentamos nossa perspectiva sobre os pressupostos que devem ser considerados para organizar metodologias de ensino em um curso de Didática da Física, estruturado com base nas três dimensões propostas anteriormente.

Os exemplos das atividades sugeridas nos próximos capítulos foram organizados com base em resultados de pesquisa na área e foram selecionados para que subsidiassem o planejamento de tais atividades. Essa busca foi feita de maneira sistemática, procurando material que nos oferecesse opções explícitas ou implícitas de atividades para serem desenvolvidas de acordo com os objetivos, conteúdos e metodologias propostos.

Na sequência, apresentamos um conjunto de exercícios sugeridos como exemplos de atividades que permitem levar a proposta teórica de cada uma das três dimensões à prática. Em cada capítulo apresentaremos uma breve descrição das possibilidades de desenvolvimento que os diferentes exercícios oferecem, com base em experiência já levada a cabo, quando aplicamos esta proposta em uma turma de sétimo semestre de um curso de Licenciatura em Física de uma universidade pública do interior do estado de São Paulo em 2012.

Esses resultados, obviamente, não podem ser generalizados, mas são aqui apresentados, de um lado, para oferecer uma visão do que poderia acontecer ao desenvolver tais atividades e, de outro, para fornecer um material que possa ser comparado com outras experiências desenvolvidas com os mesmos exercícios ou com as próprias experiências que os leitores já tenham feito nesse mesmo sentido.

Para finalizar cada um dos capítulos desta parte apresentamos uma lista de referenciais que consideramos poder inspirar a criação de novos exercícios. Esses referenciais foram selecionados a partir de uma busca sistemática na literatura produzida na área nas últimas décadas, a partir de sinalizações proporcionadas por pesquisa realizada com um grupo de 24 pesquisadores brasileiros que atuam na área de ensino de Física, reconhecidos em âmbito nacional e os referenciais teóricos adotados por esses pesquisadores na produção de seus trabalhos (CASTIBLANCO, 2013).

O critério de seleção foi basicamente que esses documentos representassem resultados de pesquisa empírica inter-relacionando diferentes campos disciplinares para o ensino de Física, em cada uma das dimensões aqui propostas. Ressaltamos que somente foram consideradas publicações tratando temáticas específicas de Física.

Consideramos que, a partir dos resultados desta pesquisa aqui relatada, o professor possa adaptá-los a diferentes contextos ou gerar novas propostas ou metodologias de ensino.

5
DIMENSÃO DISCIPLINAR

Na *dimensão disciplinar* procuramos desenvolver exercícios que levem o licenciando a tomar consciência de que o primeiro passo para planejar sequências didáticas para o ensino de Física é re(conhecer) o próprio nível de domínio dos conteúdos da Física a serem ensinados. Assim, visando auxiliá-los nessa tomada de consciência, propomos o uso de exercícios embasados em conhecimentos da História, Filosofia e Epistemologia da Física.

Entendemos que o uso desses conhecimentos no ensino de Didática da Física não é para mostrar aos licenciandos como ensinar História, Filosofia ou Epistemologia, mas para ajudar a (re)pensar o conhecimento disciplinar dos futuros professores e, em consequência, fazê-los refletir sobre alguns critérios a partir dos quais possam criar seus próprios métodos de ensino. Isso significa que exercícios embasados nessas disciplinas devem levá-los a desenvolver reflexões de tipo filosófico, ou reconstruções de seu conhecimento a partir de levantamentos apresentados pela literatura de História da Física, ou a vivenciar novas perspectivas de rever conceitos já vistos com base em reflexões de cunho epistemológico. Por exemplo, podemos partir do pressuposto de que as pessoas precisam ser formadas para observar o mundo físico, sabendo que cada vez é mais determinante o papel do observador na construção da Física, dado que o que ele observa, e a forma como descreve a observação, dependem de conhecimentos próprios e também da interação e do diálogo com outros pares sobre o mesmo sistema. Assim, é possível orientar os licenciandos para aperfeiçoar sua capacidade de observação dos sistemas físicos partindo de observações que considerem a aparência do sistema, passando por aquela da relação entre as partes do sistema e chegando até a observação das causas e consequências das relações entre as partes do sistema.

5.1. Exercícios com reflexão de tipo filosófico

Este primeiro exercício, inspirado nos trabalhos de Neto (1998) e Höttecke (2010), consiste em resolver, de maneira individual, o problema aberto: *um corpo é lançado na vertical, para cima. Qual a altura máxima que ele atingirá?* Os licenciandos são então solicitados a socializar suas respostas em duplas e organizar o problema a fim de que possam encontrar uma solução quantitativa. Posteriormente, propicia-se uma discussão de tipo filosófico, ao questionar o porquê das respostas e das "crenças" que os levaram a dar essas respostas.

Em nossa experiência com esse exercício notamos que alguns licenciandos consideraram que o problema não tem solução, uma vez que não foram dadas as condições iniciais; mas também não as estipularam. Outros falaram da necessidade de adotar condições, como: velocidade inicial, resistência do ar, sistema Terra, massa do corpo, força de interação gravitacional entre as massas, aceleração da gravidade, tipo de lançamento, condições ambientais, força e direção do vento, público-alvo, altura da qual é lançado o corpo, material e dimensões do corpo, coeficiente de dilatação dos corpos, coeficiente de atrito do ambiente. Entretanto, não adotaram valores em quaisquer dos casos.

Já na solução por duplas, sugeriram, pelo menos dois modelos de solução do problema: um que chamaram de "Método Torricelli", no qual consideram o movimento no sentido contrário a *g*, e *v = 0* na altura máxima, escrevendo as seguintes equações:

$$(1) \quad v^2 = v_0^2 - 2g\Delta x$$

$$(2) \quad \Delta x = \frac{v_0^2}{2g}$$

v = velocidade; x = distância; g = aceleração da gravidade

O outro modelo sugerido foi o que chamaram de "Método da Conservação da Energia Mecânica", escrevendo assim a demonstração para obter a equação de cálculo da altura máxima:

$$(3) \quad E_{mi} = E_{mf}$$

$$(4) \quad E_{p\,max} = E_{c\,max}$$

$$(5) \quad mg\Delta x_{max} = \frac{1}{2g} mv^2$$

$$(6) \quad \Delta x_{max} = \frac{v^2}{2g}$$

E_m = Energia mecânica;
E_p = Energia potencial;
Ec = Energia cinética;
m = massa.

Entretanto, em nenhum dos casos atribuíram valores numéricos para as variáveis envolvidas nas equações que lhes permitissem obter um valor numérico para responder à pergunta sobre a altura que o corpo atingiria.

Interpretamos esse fato como uma tendência a considerar óbvio que as equações descrevem sistemas ideais; que todos entendem quais os valores possíveis que uma variável pode assumir; que as equações em si mesmas já consideram as condições de ocorrência do fenômeno; e que as unidades de medida não precisam ser explicitadas na compreensão do fenômeno. Provavelmente os licenciandos sabem que todos esses assuntos não são óbvios, porém, agem como se o fossem.

Por outro lado, encontramos três de catorze respostas que evidenciam como a aprendizagem de teorias da Física não garantem, necessariamente, a compreensão dos fenômenos nem a coerência entre os diferentes conceitos aprendidos.

– "A altura máxima será (quando $v = 0...$). Isso ocorre por causa da resistência do ar."

– "Se o corpo é lançado no vácuo, não teremos a resistência do ar e o movimento continuará na vertical, para cima, pois, não haverá a presença de nenhuma força que impeça com que o movimento continue, seguindo a lei da inércia."

– "Considerando que a maior velocidade possível que um corpo pode atingir é a velocidade da luz, podemos supor o seguinte cálculo: (Considerando que estamos na Terra)."

$$(7) \quad v^2 = v_0^2 + 2a\Delta x$$

$$(8) \quad v = 0; \quad v_0 = c; \quad a = -g = -10$$

$$(9) \quad v^2 = v_0^2 = 2a_\Delta x$$

$$(10) \quad \Delta x = \frac{0 - (3x10^8)^2}{-2x10}$$

$$(11) \quad \Delta x = 4,5x10^{15}$$

a = aceleração; $\quad c$ = velocidade da luz; $\quad v$=velocidade

Embora os autores dessas últimas soluções tenham explicado que deram essas respostas ao interpretar a questão de formas diferentes ou que estavam tentando explorar os limites das possibilidades de imaginar esse sistema, elas evidenciam uma confusão e lacunas no domínio conceitual. Por exemplo: há uma tendência a pensar que a ausência de ar implica a ausência de gravidade e não há clareza a respeito das condições necessárias para que um objeto possa abandonar a Terra em condições reais ou ainda ideais.

Nota-se que a primeira resposta poderia ser avaliada como correta se não fosse pelo fato de o autor ter confundido a causa pela qual a velocidade torna-se zero, que é basicamente pelo efeito da gravidade, em condições normais. A segunda resposta poderia ser correta se o problema considerasse a ausência de gravidade, mas, ao falar de "um corpo lançado na vertical, para cima", entende-se que o problema tem implícita a presença de um campo gravitacional que dá sentido às expressões "acima" e "abaixo", além de que no vácuo pode existir campo gravitacional. A terceira resposta supõe a velocidade de lançamento como a velocidade da luz e, ao mesmo tempo, supõe constante a aceleração gravitacional, obtendo um valor enorme mas finito, e, se o corpo fosse lançado com essa velocidade se transformaria numa onda eletromagnética e não se deteria. Essa situação foi uma importante oportunidade de discussão com os licenciandos sobre a forma como entendem e explicam seus conhecimentos sobre essa questão.

Outras questões trabalhadas para dar continuidade às discussões foram:

— *Quais são as evidências que lhes permitem acreditar no fenômeno da queda dos corpos?*

— *Qual a teoria que explica a queda dos corpos?*

Elas permitem organizar debates e reflexões que levem os licenciandos a evidenciar a coerência interna de suas próprias explicações do fenômeno. Em nossa experiência encontramos as seguintes respostas para a primeira questão:

"A evidência é algo observável, e observamos a queda acontecer..."
"Pelo fato de sentir o campo gravitacional..."
"Pela observação empírica (tal como o fez Aristóteles)..."
"A experiência cotidiana mediada por um contato com a metodologia científica..."

As respostas indicam que a maioria dos licenciandos entende que para observar um fenômeno só é necessário vê-lo acontecer, uma vez que a evidência do fenômeno é basicamente o fato observável de que as coisas caem ou a "sensação de atração da gravidade", mas não considera o significado de uma construção teórica prévia para "observar algo acontecer". Isso pode ser interpretado como falta de clareza do papel do *observador*, do *observado* e do *observável* (visível a olho nu ou não, mensurável ou não) para construir a compreensão de um fenômeno, e tem por trás uma crença sobre a observação como dependendo basicamente da experiência sensorial direta e/ou de evidências mencionadas pela ciência.

Em relação à questão sobre a *teoria que explica a queda dos corpos*, encontramos algumas respostas representativas:

"Várias, como as de Aristóteles (estado natural), Galileu e Newton (atração entre corpos)."
"Inúmeras teorias, sendo a do Newton a mais aceita pela comunidade científica."
"A teoria da queda livre dos corpos formulada por Galileu através das experiências realizadas na Torre de Pisa para estudar a resistência do ar, e complementada por Newton com a gravitação."
"A teoria da queda livre dos corpos (Galileu)."

Observamos que, embora a maioria tenha utilizado as equações da mecânica newtoniana na resolução do problema aberto, muitos consideram que são várias as teorias que explicam esse fenômeno. O fato de os licenciandos acreditarem que podem ser utilizados indistintamente quaisquer modelos explicativos criados ao longo da história pode ser interpretado como falta de entendimento da epistemologia dos conceitos envolvidos em cada modelo explicativo. Por exemplo, é curiosa a combinação que fazem entre a explicação de Aristóteles com a de Newton como se fossem complementares e não incompatíveis.

A fim de levar o licenciando a uma reflexão mais profunda sobre as maneiras como explica seu conhecimento neste tópico, pode ser feita a seguinte questão:

— *Qual é o papel da experimentação no caso da resolução deste problema?*

Em nosso caso, verificamos que a resposta foi quase unânime. Os licenciandos disseram que é para "comprovar" ou "corroborar" a teoria; um deles falou em "fixar conhecimentos" e outro em "motivar a criação da teoria". Mas observamos que os licenciandos não falaram o que é "experimentar", nem se o modo de experimentar tem algo a ver com o tipo de teoria que explica o fenômeno.

Todas essas respostas foram motivo de ampla discussão com os licenciandos, o que nos permite afirmar que exercícios desse tipo fazem com que os participantes se autoconfrontem em busca de maior compreensão do conhecimento científico, ao orientar uma tomada de consciência e uma "evolução conceitual", em aspectos como: a utilidade dos sistemas ideais, a matematização implícita no estudo e descrição do fenômeno, os diversos usos da experimentação na construção do conhecimento, a observação como um exercício não neutro nem unidirecional, entre outros.

Consideramos que, depois de criar esse ambiente de autoanálise em sala de aula, convém introduzir questões sobre o impacto que teria a compreensão que vão ganhando os licenciandos em seus futuros planejamentos de ensino de Física. Portanto, podem ser trabalhadas questões do tipo:

— *Quais seriam os primeiros passos que adotaria para ensinar este fenômeno?*

As respostas do grupo de licenciandos que participaram desse estudo mostram que eles pensam diretamente na atuação em sala de aula em um contexto-padrão, já que, dentro dos primeiros passos para ensinar o fenômeno, ninguém considera a autorrevisão do seu saber, nem a delimitação da perspectiva com a qual vai ser ensinado o fenômeno, nem os objetivos de ensiná-lo e nem o contexto no qual vai ser ensinado. Indiferente a esses aspectos, eles descrevem metodologias de trabalho, sendo duas as tendências: uma, que visa levantar as concepções prévias; outra, que parte da experimentação com objetos caindo; ou ainda combinações das duas.

Também encontramos diferenças dentro das duas tendências de atuação. Para alguns, o uso das preconcepções visa produzir "mudança conceitual" de visões "erradas" para visões "certas"; para outros, é simplesmente para introduzir o tema; e para outros é para fazer paralelos entre as explicações dos alunos e as explicações dos físicos ao longo da história. Já o uso da experimentação, para alguns trata-se de "observar a queda acontecer" e para outros, de "demonstrar o fenômeno".

Esse tipo de resposta cria um ambiente de discussão que permite orientar os licenciandos na compreensão da complexidade do ensino, que vai muito além de transmitir informações e verificar se as aprenderam.

5.2. Exercício a partir de revisões da História da Ciência

O exercício trabalhado neste caso foi inspirado nos trabalhos de Silva (2010) e Silva e Martins (2010), que apresentam uma descrição das diferentes concepções de natureza do conceito de luz ao longo da história. Com base em informações apresentadas por esses autores, elaboramos um quadro contendo nomes de cientistas, a época em que viveram e suas principais definições sobre a natureza da luz. Com isso, planejamos uma atividade na qual os licenciandos deviam representar graficamente (numa linha do tempo) a época em que os diferentes cientistas definiram a natureza da luz ao longo da história da Física, exercício que deu como resultado o Gráfico 5.1.

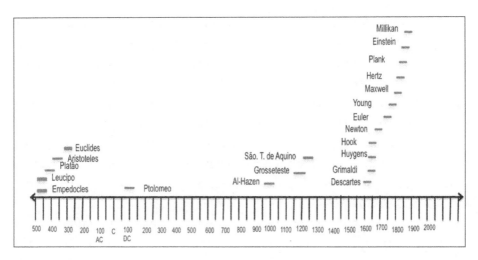

Gráfico 5.1 – Linha do tempo de nomes de cientistas e as épocas em que propuseram definições de natureza da luz.
Fonte: Os autores.

Posteriormente à elaboração da linha do tempo, foi solicitado aos licenciandos que explicassem o gráfico, por exemplo, analisando os grandes períodos sem novas ideias a respeito registradas na literatura.

A análise desse gráfico permitiu orientar uma discussão sobre como as culturas – com ênfase nas questões de cunho religioso, filosófico, político, tecnológico ou experimental –, as diversas condições culturais ao longo da história e a participação de personalidades e cientistas no processo incidem, de alguma maneira, no desenvolvimento das produções científicas.

Os licenciandos participaram da discussão manifestando surpresa com o gráfico, uma vez que imaginavam que as definições sobre a natureza da luz tinham surgido num contínuo e não nesses momentos que se mostram claramente discretos. Além disso, expressaram dúvidas com relação aos períodos nos quais existiram alguns dos autores e também sobre as definições da natureza da luz.

Em seguida foi-lhes entregue uma folha com as definições de luz de cada um desses autores, mas sem identificá-los, a fim de levar os licenciandos a descobrir o que cada cientista disse a respeito da natureza da luz. Essa parte foi difícil, pois as definições foram confundidas, gerando a expectativa de conhecer a solução. Depois disto e de revisar as diferenças entre as definições de luz em função das respectivas épocas, foi feita a seguinte questão: *Como você descreve a natureza da luz?* As respostas foram:

"A luz é um pacote de onda (onda localizada) que se propaga sem a necessidade de um meio. A sua interação se dá como uma onda e como uma partícula." "[...] uma dualidade de onda-partícula, onde o seu caráter ondulatório é estudado particularmente por meio da formação de grupos de ondas..."

"[...] possui natureza onda-partícula, interage como partícula e se propaga como onda..."

"Uma forma de energia que se propaga através do espaço, ora como onda eletromagnética, ora como partícula."

"[...] onda ou partícula, dependendo da interação que exista com ela."

"A natureza da luz, assim como diversas outras questões físicas ainda está em aberto podendo ser modificada a qualquer momento..."

"Depende da necessidade; [...] com estudo de lentes e espelho, a óptica geométrica seria suficiente [...] se houver seleção com as tecnologias atuais, o modelo vigente (baseado no comportamento onda-partícula) seria necessário."

"[...] pode se comportar como uma onda ou uma partícula dependendo da sua situação."

"[...] se propaga como onda e interage com a matéria como partícula..."

Encontramos visões da natureza da luz aparentemente similares, no sentido de que todas as respostas citaram um certo comportamento como onda e/ou partícula. Porém, diferiam em suas definições, como: onda que interage com a matéria como onda e como partícula; onda cujo comportamento particular se dá em forma de grupos de ondas, propaga-se como onda e interage como partícula; propaga-se como onda eletromagnética ou como partícula; o comportamento como onda ou partícula depende da situação.

Observa-se que todos tendem a propor explicações baseadas no modelo consolidado no começo do século XX, segundo o qual, na teoria da Mecânica Quântica, aspectos corpusculares relacionam-se à radiação e também aspectos ondulatórios às partículas. Entretanto, as diversas definições sugerem que existem inconsistências que evidenciam, em vários casos, possível falta de compreensão do fenômeno em si, como se observa, por exemplo, em respostas que não diferenciam exatamente em que consiste o comportamento ondulatório ou corpuscular da luz, ou aqueles que não respondem à questão e falam de outros aspectos.

Em seguida, perguntamos pelas contribuições que reconheceram neste exercício para seu enriquecimento como professor ou pesquisador em Física ou em Ensino de Física. Em geral, os licenciandos reconhecem que a aprendizagem das diversas visões de natureza da luz existentes na História da Física lhes permitirá melhorar seu desempenho enquanto futuros professores e pesquisadores.

Também reconheceram que a estratégia do uso de História e Filosofia da Física é muito importante para auxiliar no ensino da Física, já que permite desmistificar a ideia da ciência como verdade absoluta, compreender melhor como se constrói o conhecimento e também aguçar o senso crítico. Além disso, declararam ter aprendido sobre Física, ou pelo menos tomaram consciência de que precisam aprofundar seus estudos sobre o tema e desenvolver o senso crítico sobre o que já haviam aprendido sobre o assunto.

Isto nos permite inferir que, efetivamente, uma forma significativa de ensinar Didática da Física é colocando em prática os tópicos que são ensinados. Observamos nos licenciandos a intenção de aproveitar os conhecimentos adquiridos neste exercício para planejar suas aulas com base em resultados das pesquisas que relacionam a História com o ensino de Física. Os exercícios realizados também promoveram nos licenciandos maior confiança pelo fato de sentirem ter compreendido um pouco mais sobre a Física.

> "Isto que foi abordado, estudado, e aprendido na aula contribuiu de forma bastante significativa para mim como professor, pois tem uma base melhor para explicar aos meus alunos como a Física, os conceitos, como a história se deu em quais contextos..."
> "O conhecimento destas teorias auxilia na compreensão da história delas, ajudando a mostrar para o aluno como o conhecimento científico evolui..."
> "Conhecendo as diferentes teorias antigas, posso apresentar a evolução dos modelos aos alunos; assim eles verão que as teorias não são coisas de gênios, que se desenvolvem num *insight*."

"O estudo realizado com auxílio da História e da Filosofia da Ciência remete ao aluno uma visão diferençada da ciência. Esse passa a perceber que esta não se comporta de maneira linear e começa a desmistificar a questão da verdade absoluta e aumenta seu senso crítico."

"É de grande importância saber/conhecer como decorre a construção do conhecimento a fim de fazer as análises necessárias."

A versão completa deste exercício pode ser consultada em Castiblanco e Nardi (2013).

5.3. Exercícios a partir de estudos epistomológicos

5.3.1. Os perfis epistemológicos

O material para este exercício foi elaborado a partir da exploração de resultados de pesquisa da área com ênfase na questão epistemológica, baseado na produção de Martins e Pacca (2005), que propõem um questionário de reconhecimento dos perfis epistemológicos sobre a concepção de tempo.

Propusemo-nos a detectar as preconcepções dos licenciandos a respeito do conceito de tempo por meio da identificação de seus perfis epistemológicos e analisar com eles o significado dos perfis encontrados, para proporcionar aprendizagens em dois níveis: um, relacionado com formas aprofundadas de detectar preconcepções, superando a visão simplista de detectar preconcepções a partir da questão sobre o que os alunos "acham"; outro, relacionado com a tomada de consciência da forma como construíram ou podem ainda reconstruir suas definições de tempo, auxiliando-os numa possível evolução conceitual.

Solicitamos aos licenciandos que escrevessem ou desenhassem numa folha em branco tudo o que eles relacionam com a palavra "tempo" e, posteriormente, que respondessem o questionário a seguir:

a. O tempo passa mais rápido ou mais devagar, às vezes?
b. A passagem do tempo varia de pessoa para pessoa?
c. Como você percebe que o tempo passa?
d. Como podemos marcar/medir a passagem do tempo?

e. Existe tempo sem os relógios? E sem o ser humano?

f. Dado um relógio de areia, um de corda e um digital: qual é o melhor? Qual é o mais preciso? Como eles funcionam?

Posteriormente foram apresentadas as definições dos perfis epistemológicos identificados por Bachelard para o conceito de tempo, segundo Martins e Pacca (2005), tais como: *realismo ingênuo, empirismo, racionalismo tradicional e surracionalismo*, a fim de identificar a presença e a intensidade com a qual cada perfil ocorre nas respostas de cada um dos licenciandos.

A dinâmica dessa aula não nos permitiu obter as respostas individuais dos licenciandos, e sim as análises que cada grupo fez de um conjunto de questionários preenchidos que recebeu. Assim, esta análise se embasa nas opiniões coletivas e não individuais. Vale destacar que foi combinado com os participantes que poderiam responder de forma anônima e pessoal, sem receio de que suas respostas fossem expostas ou identificadas por seus colegas e professores.

Os resultados mostraram que 46% dos licenciandos apresentaram perfis mais próximos ao realismo ingênuo e 54% deles ao surracionalismo, com presença simultânea de aspectos do realismo ingênuo, empirismo e racionalismo tradicional. Observam-se, a seguir, as conclusões de dois dos grupos após responderem o roteiro oferecido para análise de dois questionários.

> "Em todos os dados analisados observamos aspectos do realismo ingênuo, pois todas as pessoas possuem suas próprias concepções independentes do que aprendem. O empirismo foi apresentado por uma pessoa, pois esta apresentou otempo como uma quantidade mensurável. Já no racionalismo tradicional não houve alguém que apresentasse o conceito de tempo absoluto, uma única pessoa apresentou o surracionalismo, pois abordou conceitos de relatividade como, por exemplo, a dilatação do tempo."
>
> "Na análise dos perfis epistemológicos existe certa predominância do realismo ingênuo. Ficou evidente a ausência do racionalismo tradicional e surracionalismo, estes resultados são extremamente preocupantes, sendo que a pesquisa foi realizada com alunos do último ano do curso de Física."

A primeira reação dos licenciandos foi de surpresa ao perceberem que a maioria deles apresenta todos os perfis. Porém, o fato de haver licenciandos com perfil mais próximo ao realismo ingênuo foi motivo de preocupação por parte de alguns ao constatar que estão próximos da conclusão de um curso de licenciatura. Outros entenderam que é possível conviver, sem problemas de coerência, com diferentes perfis epistemológicos, desde que se tenha consciência disso.

Organizamos na Tabela 5.1 casos representativos dos perfis epistemológicos de seis dos licenciandos da amostra, nos quais se encontram tipos de pensamento que entendemos consituírem um desafio para o ensino da Física, uma vez que demonstram a diversidade de pensamento relativo a um mesmo conceito. Por exemplo, verificamos que, no caso 5, o licenciando apresenta, segundo a análise feita por seus colegas, todas as definições de tempo dentro do realismo ingênuo, ou seja, associados principalmente a sensações como o esforço físico ou a passagem desigual das horas e que também requer a presença de um indivíduo para que haja a "contagem" do tempo.

Entretanto, o caso 3 apresenta alguns aspectos no realismo ingênuo e a maioria de suas definições no surracionalismo, ou seja, incluindo aspectos da relatividade, negando o tempo absoluto newtoniano e/ou considerando o transcorrer do tempo em função do referencial adotado e/ou considerando o espaço-tempo quadridimensional e/ou explicando a irreversibilidade temporal e a natureza probabilística.

Tabela 5.1 – Intensidade de aspectos apresentados por um grupo de seis licenciandos, em cada um dos perfis epistemológicos do conceito de tempo.

Licenciados Perfis epistemológicos	Caso 1	Caso 2	Caso 3	Caso 4	Caso 5	Caso 6
Realismo ingênuo						
Empirismo						
Racionalismo tradicional						
Surracionalismo						

	Sem aspectos		Alguns aspectos		Maioria dos aspectos		Todos os aspectos

Fonte: Os autores.

Observa-se também que a metade dos licenciandos dessa amostra não apresentou aspectos do empirismo e a outra metade apresentou alguns aspectos, com algumas respostas considerando o tempo como único e comum a todos os objetos e movimentos, uma quantidade mensurável e determinada por aparelhos. Essa percepção reduz a definição de tempo aos procedimentos de sua medição e, portanto, expressa fenômenos cíclicos ou periódicos com diferentes formas de definir as unidades de medida.

Entretanto, quatro dos licenciandos não apresentam aspectos do racionalismo tradicional e dois deles apresentam, ou seja, sua referência ao tempo ocorre sob a luz de uma teoria como a Mecânica Clássica, na qual o tempo independe do referencial e da matéria, sendo ele absoluto e, portanto, podendo ser tomado com um parâmetro matemático abstrato. Dessa forma, o relógio já não define o tempo; apenas o registra. A diversidade de pensamento aumenta se considerarmos todas as combinações dos quatro perfis epistemológicos.

Esses resultados permitiram uma discussão sobre a escola filosófica bachelardiana para o conceito de tempo, que apresenta uma visão de progresso epistemológico com paralelos no desenvolvimento da História da Ciência e a possibilidade de contribuir para tal progresso, tanto no pensamento do licenciando quanto nos seus futuros alunos da educação básica. Isso implica pensar o ensino da Física em termos de compromissos epistemológicos com os alunos, identificando a presença de obstáculos de natureza epistemológica para explorar as visões dos licenciandos, auxiliando-os na construção de outras visões ou no aperfeiçoamento delas.

Entretanto, sugerimos cuidado ao assumir esse resultado em termos de "mudança conceitual", ou seja, acreditamos que o professor não deve levar o aluno a substituir umas concepções por outras, mas sim contribuir para a evolução do seu pensamento, começando pela evolução do pensamento do próprio professor. Esse foi o caso deste exercício, que propiciou um debate entre professor e alunos sobre a natureza do tempo, para, finalmente, entendê-lo não só como um conceito, mas como uma "categoria ontológica fundamental", de acordo com a perspectiva de Bachelard.

5.3.2. A observação, os observáveis e o observador

A primeira parte deste exercício foi elaborada a partir da adequação e complemento de uma proposta de observação em sala de aula, apresentada por Almeida, Nardi e Bozzeli (2009). Foi entregue para cada licenciando um pequeno ramo com várias folhas e lhes foi solicitado observar e descrever o objeto, enfatizando que não se esperaria uma resposta certa, mas simplesmente respostas. Encontramos categorias de observação como cores, distribuição, tamanho, textura, forma, estado das folhas e agentes externos.

Cores (tonalidades de verde, marrom, com suas respectivas explicações)
Distribuição (simetria do ramo todo ou simetria emparelhada das folhas, parâmetro de distribuição, quantidade de folhas)
Tamanho (medidas, relações de tamanho e quantidade)
Textura (liso, rugoso, grosso, fino)
Forma (curvas, elipsoide)
Estado das folhas (viva, morta, sobrevivendo, real, nutrientes)
Agentes externos à folha (insetos, pó, ambiente)

As três primeiras categorias foram notadas pela maioria do grupo e as quatro últimas apenas por alguns licenciandos. Além desses, outros aspectos foram apontados apenas por um licenciando, totalizando onze aspectos, o que enriqueceu a socialização das observações e levou a uma efetiva elaboração coletiva do objeto observado, induzindo-os à tomada de consciência de aspectos que nunca teriam observado individualmente se não fosse pelo fato de outros colegas os terem apontado.

Também perceberam que certos aspectos não foram citados por terem sido considerados óbvios e, portanto, não os descreveram em sua observação. Isso gerou uma discussão do que é observável ou não, do motivo pelo qual o que foi observável para uns não o foi para outros e dos aspectos nos quais os observadores vão além do que é observado a olho nu.

Os aspectos observados apenas por um indivíduo foram:

"[...] certos traços mais claros os quais são os vasos que transportam os nutrientes."

"Todas apresentam uma curva que as corta de uma extremidade a outra, dividindo-as em duas partes. Em cada uma destas, existem ramificações que conectam a curva central à curva limitante da folha."

"Observando o verso da planta podemos ver uma espécie de pelugem, presente tanto nas folhas quanto no caule."

"A ponta é em V."

"[…] aparentemente é real."

"A média do número de rugosidades é 12 por folha."

"As folhas apresentam coloração verde, característica dada talvez pela clorofila…"

"As folhas apresentam um aroma característico de mato…"

"Desenho da folha."

"As folhas apresentam forma elipsoidal com um eixo atravessando-a de ponta a ponta; que dá a impressão que este eixo alimenta a folha."

"As folhas parecem ser bem resistentes."

"[…] no centro destas (folhas) encontram-se várias nervuras, umas mais grossas, outras mais finas."

"[…] formato elíptico com seu diâmetro maior com um tamanho aproximado de 10 cm e seu diâmetro menor de aproximadamente 2,5 cm…"

"Este tipo de folha é muito comum nas calçadas das casas das médias e pequenas cidades."

"Em uma das folhas menores existem pequenos furos e entre eles um orifício maior, esses furos podem ter sido causados por insetos."

Nota-se que aparecem aspectos que denotam influência do contexto em que vivem (referência às calçadas das casas ou ao aroma do mato), dos conhecimentos da Biologia (nutrientes, descrição da função das partes, clorofila), questões de tipo filosófico (condição real da folha), habilidades artísticas (desenho da folha) e habilidades matemáticas (medições, comparações, identificação de formas geométricas).

Na segunda parte deste exercício embasamo-nos em fundamentos teóricos da História e Filosofia da Mecânica (PESSOA JÚNIOR, 1992), a fim de levar os licenciandos a um aprofundamento do significado dos "observáveis", quando se trata de um sistema físico que não é observável a olho nu, a partir do problema: *Defina, em termos absolutos (não relativos), o limite entre o grande e o pequeno na Natureza.*

Grupo 1: "Quando não podemos observar com um microscópio de lentes com a melhor resolução, podemos considerar um limite entre o 'grande' e o 'pequeno'. Onde o não observável seria 'pequeno' e o observável 'grande.'"

Grupo 2: "Na percepção humana pode-se dizer que o limite de pequeno e grande é definido a partir da escala de tamanho do ser humano, sendo que objetos menores que o ser humano (nossa percepção) são considerados menores e objetos maiores que tal percepção são considerados objetos maiores."

Grupo 3: "Consideramos que na natureza os limites do grande e do pequeno estão no que conseguimos enxergar a olho nu, ou seja, o que conseguimos observar na natureza a olho nu consideramos grande e o que não conseguimos enxergar a olho nu, só com auxílio de instrumentos de medida, consideramos pequeno."

Grupo 4: "Dado X como espaço, a grandeza de X pode tender a 0 ou ao infinito. Se o X estiver relacionado a um objeto, podemos associá-lo à menor partícula subatômica que o homem pode medir; para o infinito, podemos usar o universo, o qual está em expansão continuamente, infinitamente."

A solução por grupos ofereceu os seguintes resultados: o grupo 1 relacionou o grande ao "observável" e o pequeno ao "não observável"; o grupo 2, relacionou grande e pequeno à "percepção humana" (escala macroscópica); o grupo 3 relacionou grande ao "observável a olho nu" e pequeno ao "observável se auxiliando de instrumentos" e o grupo 4 relacionou o limite inferior do pequeno à "menor subpartícula mensurável" e o limite superior do grande ao infinito (incomensurável).

Em geral, todos definiram o grande e pequeno em relação ao sujeito que observa ou mede. Ninguém descreveu um limite absoluto entre pequeno e grande, mas definiram aproximadamente o observável como o "enxergável a olho nu" e/ou "mensurável", como se percebe nas respostas apresentadas.

Assim, com reflexões levadas do individual para o coletivo, e depois do coletivo para a socialização e coavaliação entre pares, concluímos junto com os licenciandos que observar não é uma ação desenvolvida num momento só, mas um processo no qual é preciso ter clareza da intenção de *observar algo*, assim como descrever as características do sistema a ser observado, explicitar os pressupostos teóricos de observação, os instrumentos de observação e a linguagem apropriada para a descrição da observação. Portanto, a observação é um processo que depende:

- Das propriedades e intenções do observador. Aqui é pertinente questionar-se sobre: Qual a intenção de observar? Que perguntas serão respondidas? Quais teorias ou problemas criam a necessidade de observar algo?
- Do instrumento ou métodos de observação, ou seja: Quais instrumentos permitem fazer descrições, comparações, deduções? Que linguagem descreve apropriadamente o que foi observado? Quais instrumentos permitem observar objetos de diversas naturezas?
- Do observado, através de questionamentos como: Quais sistemas deixam-se observar sem modificar seu estado pelo fato de serem observados? Quais são mensuráveis ou não? O sistema que contém o observável é aberto ou fechado?

Este exercício mostra que, com a orientação para reconhecer formas de explicar, é possível contribuir para a (re)construção dos conceitos físicos que eles já aprenderam nos cursos de Física e, da mesma maneira, prepará-los para ter contato com a Física que ainda não dominam. Isso permite o enriquecimento e aprofundamento do conjunto de conhecimentos que os licenciandos terão de ensinar em seu futuro exercício profissional – nesse caso, a partir de uma perspectiva epistemológica, aprofundando a compreensão da relação entre observador, observado e observável.

Para finalizar este capítulo, apresentamos no Quadro 5.1 uma síntese de conteúdos e metodologias, tanto de interação em sala de aula quanto de avaliação utilizadas nos diferentes exercícios propostos para levar à prática a *dimensão disciplinar*.

Quadro 5.1 – Síntese de conteúdos, metodologias e registro de avaliação nos exercícios da dimensão disciplinar.

Conteúdos	*Metodologia*	*Registro para avaliação*
Resolução do problema aberto: um corpo é lançado na vertical, para cima. Qual a altura máxima por ele atingida?/ Análise das formas de resolução deste problema.	Dinâmica, *do individual ao coletivo*, a partir da solução a um problema aberto.	Coavaliação e participação ativa em grupo, registro escrito com as respostas das questões.

(continua)

(continuação)

Construção da linha do tempo das visões de natureza da luz ao longo da história da Física.	Dinâmica, *do coletivo ao individual*, a partir da solução de um jogo do tipo "liga-liga" com as definições de natureza da luz, análise, debate e produção escrita.	Participação nas atividades, registro escrito individual.
Obstáculo epistemológico e perfil epistemológico na concepção de tempo.	Dinâmica, *a pesquisa*, a partir da aplicação e análise de questionário que visa detectar perfis epistemológicos sobre o conceito de tempo. Reflexão orientada pelo professor.	Preenchimento de questionário, análise das respostas e informe de trabalho em grupo.
Reflexões sobre a definição em termos absolutos do *grande* e do *pequeno* na natureza.	Dinâmica, o *rodízio* a partir da observação individual, *coavaliação* da produção escrita individual e *debate orientado*.	Descrição das observações e participação na dinâmica proposta.
Produção escrita sobre tópicos desenvolvidos com base nos diferentes referenciais teóricos. Análise dos resultados obtidos nos diversos exercícios, por meio de análise textual discursiva.	Dinâmica, prova escrita e retroalimentação.	Prova escrita e participação na socialização de resultados apresentados pelo professor e pesquisadora.

5.4. Referenciais sugeridos como base para gerar novos exercícios

ADÚRIZ-BRAVO, A.; MORALES, L. El concepto de modelo en la enseñanza de la Física: consideraciones epistemológicas, didácticas y retóricas. *Caderno Brasileiro de Ensino de Física*, Florianópolis, v.19, n.1, p.79-92, 2002.

ANGOTTI, J. A. P. Física e Epistemologia heterodoxas: David Bohm e o Ensino de Ciências. *Caderno Brasileiro de Ensino de Física*, Florianópolis, v.19, n. especial, p.126-56, 2002.

BARROS, M. A.; LABURÚ, C.; SILVA, O. O conceito de velocidade aplicado nos corpos rígidos em rotação: mesmas concepções alternativas, variadas interpretações. *Semina. Ciências Sociais e Humanas*, Londrina, v.25, p.103-10, 2004.

GATTI, S. R. T.; NARDI, R.; SILVA, D. História da Ciência no Ensino de Física: um estudo sobre o ensino de atração gravitacional desenvolvido com futuros professores. *Investigações em Ensino de Ciências*, v.15, p.7-59, 2010. [on-line]

GIL-PEREZ, D. Contribuición de la História y de la Filosofía de las Ciencias al desarrollo de un modelo de enseñanza/aprendizaje como investigación. *Enseñanza de las Ciencias*, v.11, n.2, p.197-212, 1993.

GIRCOREANO, J. P.; PACCA, J. L. A. O ensino de Óptica na perspectiva de compreender a luz e a visão. *Caderno Catarinense de Ensino de Física*, Florianópolis, v.18, n.1, p.26-40, 2001.

GOMES, G.; PIETROCOLA, M. O experimento de *Stern-Gerlach* e o *spin* do elétron: um exemplo de quasi-história. *Revista Brasileira de Ensino de Física*, v.33, p.2.604/1-11, 2011.

GURGEL, I.; PIETROCOLA, M. Uma discussão epistemológica sobre a imaginação científica: a construção do conhecimento através da visão de Albert Einstein. *Revista Brasileira de Ensino de Física*, v.33, n.1, p.1-12, 2011.

GURIDI, V.; SALINAS, J.; VILLANI, A. Contribuciones de la epistemologia de Laudan para la comprensión de concepciones epistemológicas sustentadas por estudiantes secundarios de Física. *Investigações em Ensino de Ciências*, Porto Alegre, v.11, n.1, p.1-25, 2006. [on-line]

KARAN, R. A.; PIETROCOLA, M. Habilidades técnicas *versus* habilidades estruturantes: resolução de problemas e o papel da Matemática como estruturante do pensamento físico. *Alexandria*, v.2, p.181-205, 2009.

KRAPAS, S.; QUEIROZ, G. R. P. C.; UZÊDA, D. O tratado sobre a luz de Huygens: comentários. *Caderno Brasileiro de Ensino de Física*, Florianópolis, v.28, p.123-51, 2011.

LOCHHEAD, J.; DUFRESNE, R. Helping Students Understanding Difficult Science Concepts Through the Use of Dialogues with History. *The History and Philosophy of Science in Science Teaching*, p.221-9, 1989.

LONGHINI, M. D.; NARDI, R. Como age a pressão atmosférica? Algumas situações-problema tendo como base a História das Ciências e pesquisas na área. *Caderno Brasileiro de Ensino de Física*, Florianópolis, v.26, p.7-23, 2009.

MARTINS, A. F. P. História e Filosofia da Ciência no ensino: há muitas pedras nesse caminho... *Caderno Brasileiro de Ensino de Física*, Florianópolis, v.24, n.1, p.112-31, 2007.

MARTINS, R. A. Como não escrever sobre História da Física um manifesto historiográfico. *Revista Brasileira de Ensino de Física*, v.23, n.1, p.113-29, 2001.

MARTINS, R. A.; SILVA, C. C. Newton and Colour: the Complex Interplay of Theory and Experiment. *Science & Education*, v.10, n.3, p.287-305, 2001.

OSTERMANN, F.; PRADO, S. D. Interpretações da Mecânica Quântica em um interferômetro virtual de Mach-Zehnder. *Revista Brasileira de Ensino de Física*, v.27, n.2, p.193-203, 2005.

PEDUZZI, L. O que é a Física aristotélica: por que não considerá-la no ensino da Mecânica? *Caderno Catarinense de Ensino de Física*, Florianópolis, v.13, n.1, p.48-63, 1996.

PEREIRA, A.; CAVALCANTI, C. J. H.; OSTERMANN, F. Concepções relativas à dualidade onda-partícula: uma investigação na formação de professores de Física. *REEC. Revista Electrónica de Enseñanza de las Ciencias*, v.8, p.5, 2009.

PESSOA JR., O. Interpretações da teoria quântica e as concepções dos alunos do curso de Física. *Investigações em Ensino de Ciências*, v.7, n.2, p.107-26, 2002.

SIEGEL, H. On the Distortion of the History of Science in Science Education. *Science Education*, v.63, p.111-8, 1979.

SILVA, B. V. C. E.; MARTINS, A. F. P. Júri simulado: um uso da História e Filosofia da Ciência no ensino da Óptica. *A Física na Escola*, v.10, p.17-20, 2009.

_____. A natureza da luz e o ensino da Óptica: uma experiência didática envolvendo o uso da História e da Filosofia da Ciência no ensino médio. *Experiências em Ensino de Ciências*, UFRGS, v.5, p.71-91, 2010.

SILVA, C. C.; MARTINS, R. A. A teoria das cores de Newton: um exemplo do uso da História da Ciência em sala de aula. *Ciência & Educação*, Bauru, v.9, n.1, p.53-65, 2003.

SILVA, O. H. M.; LABURÚ, C. E.; NARDI, R. Reflexões para subsidiar discussões sobre o conceito de calor em sala de aula. *Caderno Brasileiro de Ensino de Física*, Florianópolis, v.25, p.383-96, 2008.

SILVA, O. H. M.; NARDI, R.; LABURÚ, C. E. Um estudo da preparação dos estudantes para debates racionais entre teorias e/ou concepções rivais numa estratégia de ensino de Física inspirada em Lakatos. *Ensaio. Pesquisa em Educação em Ciências*, v.10, p.1-16, 2008.

SORPRESO, T. P.; ALMEIDA, M. J. P. M. Discursos de licenciandos em Física sobre a questão nuclear no ensino médio: foco na abordagem histórica. *Ciência & Educação*, Bauru, v.16, p.37-60, 2010.

UHDEN, O. et al. Modelling Mathematical Reasoning in Physics Education. *Science & Education*, Dordrecht, v.10, p.1-20, 2011.

ZANETIC, J.; MARTINS, A. F. P. Tempo: esse velho estranho conhecido. *Ciência & Cultura*, ano 54, n.2, p.41-4, out./nov. 2002.

ZANOTELLO, M.; ALMEIDA, M. J. P. M. Produção de sentidos e possibilidades de mediação na Física do ensino médio: leitura de um livro sobre Isaac Newton. *Revista Brasileira de Ensino de Física*, São Paulo, v.29, n.3, p.437-46, 2007.

6
DIMENSÃO SOCIOCULTURAL

Na *dimensão sociocultural*, propomo-nos a desenvolver uma transição entre a identidade do licenciando com a Física e sua identidade com o ensino da Física. Na *dimensão disciplinar* já foi trabalhado o ponto de vista de que maior domínio da Física implicará melhores condições para seu ensino, em uma perspectiva de orientação para a autoaprendizagem por meio de exercícios de tipo metacognitivo. Porém, entendemos que tratar os conteúdos da Física em contextos educacionais exige novas tomadas de consciência, desta vez sobre os objetivos de ensiná-la e a necessidade de adequação ao contexto.

Consideramos que ao trabalhar em exercícios nos quais se possam estudar prováveis processos de ensino e aprendizagem com os alunos, assim como as implicações de diversas maneiras de interação em termos de comunicação e atuação em sala de aula, é possível preparar o futuro professor para a construção de sua identidade profissional e ampliar sua autonomia, bem como para a liderança para atuar em grupos, antes do início de suas atividades docentes.

Portanto, convém desenvolver exercícios que exponham problemas reais do ensino da Física e possíveis formas de solucioná-los, a partir de conhecimentos trazidos de disciplinas como Psicologia da Aprendizagem, Sociologia, Linguagem, Pedagogia, entre outras, e da própria experiência docente, apresentando aos licenciandos posições definidas sobre inter-relações de cada uma dessas disciplinas com o ensino da Física, a fim de gerar posicionamentos críticos e reflexivos.

Por exemplo, podemos nos posicionar diante de uma das correntes pedagógicas marcantes das últimas décadas: o ensino a partir da perspectiva CTS (Ciência-Tecnologia-Sociedade). Nesse ponto, consideramos que essa perspectiva não é um conteúdo específico, mas uma forma de entender *por que* e *para que* se ensina ciências, a qual, por sua vez, tem impacto nos *métodos* utilizados para ensinar e aprender ciências. Portanto, deve estar presente como princípio orientador ao longo de todo o processo de ensino e de aprendizagem.

Assim, podemos levar os licenciandos a discutir sobre os cuidados que deveriam ser tomados para otimizar o planejamento de um processo de ensino a partir das relações CTS, sabendo que não se trata só de estudar aplicações tecnológicas dos conceitos físicos, esquecendo os aspectos socioculturais; nem apenas de discutir questões sociais, esquecendo as implicações tecnológicas.

6.1. Exercícios refletindo sobre o ensino de Física em realidades diferenciadas

Para a elaboração do material de trabalho em sala de aula, tomamos partes da proposta de Camargo, Nardi e Correia (2010), que aborda as principais dificuldades de comunicação com alunos deficientes visuais; da proposta de Silva e Terrazzan (2011) sobre a formação de habilidades atitudinais, procedimentais e conceituais no ensino médio por meio do uso de analogias; dos estudos de Fracalanza, Amaral e Gouveia (1987), a descrição de uma experiência de ensino de Astronomia para crianças considerando as características do pensamento infantil para a aprendizagem do mundo físico; e da proposta de Ferreira e Zimmermann (2009), sobre perspectivas de aprendizagem de jovens e adultos reinseridos no sistema escolar.

Depois de apresentar uma breve descrição das quatro realidades educacionais a serem trabalhadas e de justificar os critérios com os quais foram realizados os recortes dos referenciais, foi solicitado aos licenciandos que lessem e interpretassem os materiais apresentados, de forma colaborativa, em grupos. Para isso, solicitamos que cada grupo identificasse as problemáticas que cada um dos artigos colocava como relevantes no ensino de Física para determinadas populações. Posteriormente, foram intercambiando os resultados, até que todos conseguissem analisar tanto as ideias expressas nos artigos como as ideias expressas por seus colegas, para chegar a um consenso sobre as potencialidades e problemáticas de cada uma das propostas.

No Quadro 6.1, apresentamos a síntese dos problemas detectados pelos licenciandos para cada um dos contextos educacionais.

Quadro 6.1 – Problemas detectados pelos licenciandos, em situações extraídas dos artigos, em quatro contextos educacionais diferentes

---

Ensino para deficientes visuais

"A comunicação oral. A dependência do uso de equações algébricas. Os exemplos 'visuais' para exemplificar gráficos e representações. O despreparo do professor."

Ensino para Jovens e Adultos (EJA)

"O ensino de Ciências deve objetivar superar as preconcepções, 'aproximar' os alunos do seu cotidiano e possibilitar sua compreensão. Deve-se ampliar o senso crítico para se posicionarem diante de situações na sociedade."

Ensino nas séries iniciais

"A desconsideração das concepções prévias das crianças e dos modos como constroem o conhecimento. Falta de um bom planejamento da aula. Apresentação de conteúdos simplificados. Intolerância do professor com as dúvidas e perguntas das crianças."

Ensino médio

"A analogia pode causar distorção na construção do conhecimento. A pretensão de querer explicar completamente o tema com analogias. O domínio conceitual do professor para esclarecer as confusões. A relação complexa entre análogo e alvo."

Fonte: Os autores.

Depois de socializar no interior dos grupos o resultado das discussões sobre essas problemáticas, foi-lhes solicitado que listassem os conjuntos de saberes que considerassem necessários para resolver esses problemas em suas atuais ou futuras práticas profissionais. A síntese das respostas é apresentada no Quadro 6.2.

Quadro 6.2 – Saberes que os licenciandos consideram que precisariam adquirir para resolver os problemas detectados no exercício anterior.

Ensino para deficientes visuais

"Ter formação complementar à licenciatura voltada para a educação de deficientes visuais. Desenvolver uma maneira de compreender a Física sem o sentido da visão. Planejar a aula de duas maneiras diferentes: uma tradicional para os alunos regulares e outra especial, empregando os outros sentidos do aluno com deficiência."

Ensino para Jovens e Adultos (EJA)

"Conhecer as condições socioeconômicas dos alunos. Conhecer seu nível de conhecimento da Física. Contextualizar o conhecimento para o cotidiano do aluno. Relacionar a Física com outras disciplinas (CTSA). Atingir seus interesses. Considerar que provavelmente estão cansados e levar atividades que consigam incentivá-los."

Ensino nas séries iniciais

"Ter o domínio do conteúdo. Entender como cada faixa etária é capaz de lidar com o conteúdo. Considerar o dia a dia dos alunos. Saber se comunicar com os alunos. Conhecer as preconcepções. Planejar aulas com mais participação dos alunos. Respeitar e analisar as perguntas dos estudantes."

Ensino médio

"Ter domínio dos conteúdos da Física e como adequá-los a certas analogias. Usar uma analogia melhor ou diminuir sua quantidade. Conhecer as diferenças entre um sistema e o outro para não causar confusão. Utilizar a analogia só como introdução ou como atividade complementar."

Fonte: Os autores.

A partir dos dois quadros anteriores, podemos notar como os licenciandos tomam consciência das diversas problemáticas presentes nos processos de ensino e de aprendizagem nessas quatro distintas realidades educacionais. Porém, chamam a atenção algumas das considerações dos saberes que eles imaginam que devam ter para resolver tais problemáticas, resultado tanto da informação apresentada nos quadros anteriores como da discussão que se deu em sala de aula. Considerações como: devem saber "entreter" os alunos para que a aula seja descontraída; precisam fazer um "bom planejamento da aula", mesmo os licenciandos apresentando dificuldades para expressar exatamente o que seria um bom planejamento; relacionar os conteúdos físicos com o cotidiano, mesmo apresentando limitações sobre se isso significa aplicação de conceitos físicos na explicação de aparelhos tecnológicos ou tratamento de problemas sociais ou simplesmente como motivação para estudar um tópico da Física; e utilizar as analogias só como ilustração, desconsiderando a formação em procedimentos, atitudes e habilidades.

Observa-se que, em geral, eles citam saberes que poderiam vir da prática docente ou da formação complementar, mas não de sua formação inicial. O que pode significar que até esse momento não haviam relacionado de forma consciente as disciplinas cursadas para se identificarem como profissionais do ensino da Física com as diversas situações e realidades educacionais. Eles acreditam que a formação que estão recebendo é exclusivamente para atender alunos regulares em escolas regulares sob condições-padrão. Em geral, não se sentem preparados para atender nenhuma variação nessa circunstância.

Quando os licenciandos pensam nos saberes docentes que precisariam adquirir para conseguir ensinar Física em diversos contextos, parecem mostrar que precisam aprender o necessário para, quando em exercício, agir provavelmente por ensaio e erro. Essa falta de consciência do seu saber profissional observa-se também quando não citam explicitamente outros saberes disciplinares específicos que poderiam auxiliá-los nesses processos, os quais alguns já estudaram no curso de graduação, tais como: Psicologia, Sociologia, Linguagem e Pedagogia, além de resultados de pesquisa em ensino.

Entretanto, pode-se inferir de seus depoimentos que fazem alusão, de forma indireta, a conhecimentos que podem vir: da Pedagogia, ao pensar o planejamento das aulas, a ligação com o cotidiano ou o uso de uma perspectiva CTS; da Psicologia, ao procurar entender como cada faixa etária é capaz de lidar com o conteúdo, respeitar as opiniões dos alunos e considerar suas perguntas e concepções alternativas; da Epistemologia, ao pensar em desenvolver uma maneira de compreender a Física sem o sentido da visão; da Sociologia, ao querer conhecer as condições socioeconômicas dos alunos e considerar seus interesses; e da Física, ao sentir que precisam de maior domínio do conteúdo, de adequação das analogias ou de melhor conhecimento dos sistemas físicos.

A fim de aprofundar a interpretação desses resultados, listamos os problemas detectados, sem relação com realidades educacionais específicas e desconsiderando as repetições de problemáticas comuns:

— predominância da comunicação oral;
— dependência do uso de equações algébricas;
— exemplificações "visuais" (gráficos e representações);
— despreparo do professor;
— falta de um bom planejamento da aula;
— consideração das concepções prévias e dos modos de aprender;
— dificuldade de aproximar os alunos de seu cotidiano e possibilitar sua compreensão;
— baixo senso crítico para se posicionarem ante situações na sociedade;
— apresentação de conteúdos simplificados;
— intolerância do professor com as dúvidas e perguntas dos alunos;
— confusões causadas com as analogias;
— deficiências no domínio conceitual do professor para resolver dúvidas.

Nota-se que existe uma variedade de problemas de ensino e aprendizagem da Física que pode ser generalizada para todos os contextos educacionais, uma vez que, por exemplo, o problema da predominância da comunicação oral não é um problema só no ensino para portadores de necessidades especiais, mas para todo tipo de aluno. Entretanto, no caso destes últimos, são necessários ajustes particulares. Outro exemplo é a intolerância do professor com as dúvidas dos alunos, que não é um problema só do ensino para crianças, mas em qualquer nível de escolaridade.

Isso significa que o ensino de Física para diferentes situações e realidades pode ser trabalhado a partir de problemáticas gerais, como as relacionadas anteriormente, analisando as necessidades específicas de adequação da solução de cada uma das problemáticas para os diversos contexts, especificidades como a adequação da linguagem, a adequação do nível de complexidade e dos objetivos de ensino da Física.

Esse resultado permite deduzir que uma maneira de formar o licenciando para encarar essas problemáticas é, precisamente, pensar o ensino de conceitos de Física para diversas realidades simultaneamente, em relação a problemáticas gerais que se relacionem com todas as situações consideradas.

6.2. Exercícios refletindo a respeito da perspectiva ciência-tecnologia-sociedade

Com base nas discussões colocadas por Acevedo, Vazquez e Manassero (2003), refletimos com os licenciandos sobre os significados das relações ciência, tecnologia e sociedade. Há situações que podem ser entendidas com foco na relação entre ciência e tecnologia (CT) ou entre ciência e sociedade (CS) ou com variações, como a ligação com o meio ambiente (CA), ou combinações delas (CTSA, CSA, CTA). Mas, supondo uma perspectiva CTS generalizada, ela pode ter diversos fins: educação para a cidadania, aplicações tecnológicas, aculturação científica etc.

Buscamos levar os licenciandos à projeção de problemas para serem resolvidos pelos seus futuros alunos, considerando: diversos caminhos de introdução de conceitos; resolução de problemas em situações reais; atividades práticas; e processos de avaliação nos quais não seja necessário renunciar à construção de corpos coerentes de conhecimento científico em sala de aula, uma vez que muitas das tendências de ensino nesse sentido acabam ficando no nível de discussão ou reflexão crítica, sem atingir a construção do conhecimento científico.

Para desenvolver estes exercícios de reflexão com os licenciandos, organizamos materiais contendo: recortes do livro de Hamburger (2005) com uma descrição científica do consumo de energia e do aquecimento global no ensino da Física, recortes de algumas notícias da época sobre lâmpadas ecológicas e uma reportagem recente sobre um projeto de lei do Senado brasileiro, relacionado com política ambiental.

Com base nesse material, os licenciandos foram solicitados a decidir quais conteúdos da Física podiam ser ensinados e, posteriormente, a propor um plano de aula para ser socializado na ocasião, com itens como: problema a resolver com os estudantes, introdução de conceitos, resolução de problemas, atividades práticas e avaliação.

Com relação aos conteúdos da Física a serem ensinados a partir dessas problemáticas, houve consenso entre os licenciandos de que o mais apropriado é o conceito de "energia", abordando aspectos como: fontes (elétrica, mecânica, térmica, química), características das fontes, transformações (potencial a cinética), relação com trabalho e potência, consumo e produção.

O segundo tema escolhido foi o conceito de "calor", destacando-se aspectos como: propagação do calor, estados físicos da matéria, radiação, irradiação, calor e eletricidade, calorimetria, formas de transmissão de calor (convecção, condução, radiação). Alguns consideraram o tema "óptica" selecionando conceitos como: índice de refração, absorção, reflexão, cor da luz emitida, radiação da luz, radiação e a sua influência com a temperatura, radiação eletromagnética, transmissão de energia do Sol para a Terra. Observamos que pensaram em diversos conceitos da Física e na necessidade de interligar uns com outros para estudar melhor o problema, o que pode levar a um ensino da Física menos desarticulado. Para interpretar as percepções dos licenciandos em relação às vantagens que tem o ensino a partir da perspectiva CTS, levantamos os verbos utilizados por eles para explicar as razões das escolhas dos conceitos de Física e as ações que gostariam de desenvolver em sala de aula. Encontramos: aprofundar, analisar, apresentar, criticar, formar, associar, dialogar, compreender, discutir, abordar, trabalhar, entender, explicar, incentivar, mostrar, relacionar, posicionar-se, evidenciar. São verbos que demonstram um ganho no sentido de se afastar do tradicional objetivo de "passar conteúdos" e cujos sentidos expressam propósitos de formação, tais como:

— aprofundar-se nos conhecimentos sobre os conceitos da Física;
— analisar as causas e consequências dos fenômenos da natureza;
— associar o conhecimento da Física com problemas sociais e tecnológicos;

- compreender a realidade em que vivemos, nas suas dimensões políticas, culturais, sociais, ambientais e tecnológicas;
- integrar vários conteúdos para compreender melhor uma problemática;
- incentivar a curiosidade e o posicionamento crítico;
- analisar as possibilidades que a Física oferece para a solução das problemáticas.

Esses resultados nos mostram que a formação do licenciando para o ensino a partir da perspectiva CTS, ou seja, das relações entre o desenvolvimento científico, o tecnológico e o impacto desses na sociedade, com todas as reflexões que isso implica, permite pensar em possíveis (re)organizações dos conteúdos e metodologias de ensino possíveis para esses serem trabalhados em sala de aula, o que, por sua vez, além de oferecer uma visão mais ampla do seu papel como orientador de processos de formação de sujeitos críticos e reflexivos, ao mesmo tempo o forma para uma atitude propositiva e ativa diante dos problemas da sociedade e da função da escola na tarefa de auxiliar a resolução desses problemas.

Nas *propostas metodológicas* dos planos de aula que foram elaboradas pelos licenciados, notou-se uma tendência diversa e diferenciada da tradicional, que começaria tratando diretamente os conceitos físicos. Foram propostas metodologias como: iniciar propondo pequenas pesquisas para os alunos, relatando um problema como a questão da usina de Belo Monte, aplicando um questionário para gerar um debate a partir das respostas, levantando as concepções alternativas a partir do debate com os alunos em torno a um problema, ou apresentando textos que trabalhem uma relação entre a produção de alimentos, a energia gasta nesse processo e o quanto desses alimentos é aproveitado pelo consumidor.

Com relação aos *problemas a resolver* pelos alunos (hipotéticos), observamos um distanciamento da resolução de problemas a lápis e papel, ao considerar principalmente problemas nos quais os alunos deverão tirar conclusões ou fazer análises. Eles propõem problemas como:

constituir uma opinião crítica sobre as melhores alternativas de produção de energia renovável; constituir uma argumentação e explicação para as usinas com base em conceitos físicos; estudar um avanço tecnológico, determinando as transformações de energia que acontecem e suas implicações sociais; calcular a energia elétrica necessária para o funcionamento de um grupo de eletrodomésticos em um único mês e comparar o resultado com a conta de energia dos respectivos casos; ou calcular o trabalho mecânico realizado em processos como o transporte de alimentos, colheita, armazenamento, limpeza etc.

Nas propostas de *atividades práticas*, os licenciandos consideram uma ampla participação do aluno no processo, distanciando-se da passividade de apenas ouvir o discurso do professor. Eles propõem atividades como: apresentação oral dos trabalhos com análise conjunta das concepções dos alunos; debate em pequenos grupos, e também da turma toda, da melhor solução para o problema, com registro escrito; apresentação da pesquisa na sala de aula; montagem de um circuito elétrico simples e explicação do seu funcionamento com base no conceito de transformação de energia; pesquisas em grupo sobre dados que possam ser utilizados para desenvolver "cálculos médios".

Por fim, nos *processos de avaliação* propostos, observamos que a principal opção é pela avaliação do tipo qualitativa, com indicadores de "comprometimento", "grau de envolvimento" e "registro da discussão". Foram propostos aspectos a serem avaliados, tais como: compromisso do aluno na realização do trabalho prático; registro escrito das discussões em grupo; grau de envolvimento do aluno com a pesquisa, analisando se esse entendeu o funcionamento do avanço tecnológico e como se dá a transformação da energia; além das questões levantadas sobre suas implicações: avaliação individual em forma de questionário; avaliação discutida de maneira conjunta com os alunos; compromisso do grupo durante a pesquisa através de apresentações, em momentos nos quais os alunos apresentam suas ideias para os demais colegas e para o professor.

Além disso, detectamos, em todas essas propostas, uma influência das metodologias, tipo de atividades e tipo de avaliação utilizados na disciplina de Didática da Física, o que pode ser interpretado como se estivessem aprendendo como ensinar a partir da forma como estão aprendendo. Isso também pode ser interpretado como uma tentativa de dar a resposta "certa" para os professores que têm discutido todos esses aspectos, tanto nessa disciplina quanto nas que já cursaram. De qualquer forma, consideramos o resultado positivo, no sentido de que, de uma ou outra maneira, eles inseriram em suas expressões visões mais amplas do que significa ensinar e aprender Física.

6.3. Exercícios para a formação do professor reflexivo e autônomo

Focamos esta seção em um exercício que visa formar os licenciandos para a *prática reflexiva*, com base em concepções como as de Alarcão (2003), Copello e Sanmartí (2001), Nóvoa (1992) e Zeichner (2003), que chamam a atenção para a reflexão como um meio para inovar na prática docente. Embasamo-nos também no trabalho de Longhini e Nardi (2007), que se fundamentou na perspectiva de Schön para descrever o processo de reflexão na ação, para a ação e sobre a ação.

Considerando que a maioria dos licenciandos não estava atuando como docente e, portanto, não tinha vivenciado "problemas reais" a partir dos quais refletir, optamos por elaborar atividades que permitissem a simulação de problemas, colocando o licenciando em situações específicas que precisassem da tomada de decisões, para levá-los a refletir "hipoteticamente". Para tanto, foram elaborados seis relatos a partir de experiências vivenciadas pelos próprios pesquisadores por terem sido momentos cruciais que ficaram marcados em sua memória, nos quais a tomada de decisão foi difícil e que, além disso, levaram a questionamentos que produziram mudanças na forma de agir em sala de aula.

A escolha por compartilhar esses momentos, que de certo modo são pessoais, também tem a ver com a intenção de gerar confiança nos licenciandos ao mostrar situações inesperadas que podem acontecer, relatadas em primeira mão e com possibilidade de serem discutidas ou aprofundadas à medida que tivessem interesse em se aprofundar nas condições que levaram a tais situações e as formas como foram enfrentadas.

Dada a natureza do material, e a fim de evitar que o exercício acabasse numa leitura simples ou que desse lugar a críticas superficiais, foi desenvolvida uma dinâmica de grupo que privilegiou a leitura individual e silenciosa e, simultaneamente, a troca do material entre os colegas. Selecionamos a dinâmica do "relógio" em dois momentos: um, que chamamos de *reflexão na ação*, e outro, que chamamos de *reflexão sobre a ação*.

Para a *reflexão na ação*, partimos da premissa de que a tomada de decisões "na ação" é parte rotineira da vida do professor e lhe permite avançar em momentos difíceis e inesperados, nos quais tem que se pôr em evidência as mais aprofundadas convicções do professor a respeito do que ensina, por que e para que ensina.

No primeiro momento do exercício apresentamos os relatos, e cada um deles é descrito até o momento em que o professor teve que tomar certas decisões de última hora, embora as decisões tomadas não fossem relatadas. Dessa forma, o exercício consistia em o licenciando colocar-se naquela situação, assumindo-a como própria, e complementar o relato com as decisões que tomaria.

Relato 1

Disciplina: Física (Eletricidade)
Faixa etária: 14 a 16 anos (Ensino médio)
Colégio público

A aula de laboratório de Física já havia sido planejada. Eu já tinha explicado como se constrói um circuito simples e discutido a Lei de Ohm, na qual se relacionam intensidade de corrente elétrica, voltagem e resistência de um circuito. O objetivo do experimento era permitir que os estudantes construíssem um circuito simples e tomassem dados para constatação da Lei de Ohm. O deslocamento dos estudantes da sala de aula para o laboratório levava cerca de 10 minutos; era preciso ir primeiro à sala do funcionário encarregado das chaves do laboratório, mas, infelizmente, ele não se encontrava lá. Demorei, então, cerca de mais 10 minutos até conseguir as chaves, abrir o laboratório e distribuir os materiais para cada grupo. Porém, quando fomos conectar as fontes, percebemos que não havia energia por ter havido um dano na rede elétrica do laboratório e o conserto iria demorar uns dias. Nessa altura, já haviam se passado quase 40 minutos de uma aula de 60 minutos. Até voltar para a sala de aula teríamos 10 minutos restantes de aula. Então, o que eu fiz com os estudantes foi...

As respostas foram:

"Explicar teoricamente o circuito ou propor uma discussão sobre os circuitos."
"Dar trabalho complementar como tarefa."
"Trabalhar em grupo sobre o diagrama do circuito."
"Liberar os estudantes."

Interpretamos as primeiras três opções como ações que demonstram um certo nível de compromisso com a aprendizagem dos alunos, o que não é o caso da quarta opção, de liberar os alunos, já que, embora faltasse pouco tempo para terminar a aula, é importante considerar que cada aula é uma oportunidade única de interação com eles e, portanto, não havia razão para não aproveitar aqueles 10 minutos restantes.

Nas outras opções, observamos que a tendência foi repetir o que já fora explicado para os alunos, por exemplo, desenhar o circuito que iriam fazer ou repetir a maneira como se aplicam as equações para resolver esse tipo de circuito. Se nessas opções, por um lado, nota-se uma intenção de aproveitamento do tempo (especialmente com aqueles alunos que tenham dúvidas sobre o tema), por outro, demonstra-se certa dificuldade em abandonar a sequência preestabelecida para tratar o tema, pois nenhuma opção propõe ações para aprofundar o fenômeno em estudo.

Relato 2

Disciplina: Física (Fluidos)
Faixa etária: 10 a 12 anos (6º ano)
Colégio particular

Eu fiquei encarregada de organizar a Feira de Ciências da escola. O objetivo dessa atividade, segundo orientações da direção e da coordenação pedagógica da escola, era conseguir que participassem todos os estudantes dos anos finais do ensino fundamental ($6°$, $7°$, $8°$ e $9°$ anos) e do ensino médio. Solicitei então a colaboração dos professores de Biologia, Química e Matemática para que participassem com trabalhos dos seus estudantes, o que foi relativamente fácil. Um professor de Ciências (Biologia) pediu para eu auxiliar um grupo de seus estudantes de $6°$ano, tendo em vista que ele havia solicitado a esses alunos apresentar trabalhos relacionados à Física. Marquei reunião com os alunos do professor e discuti os possíveis experimentos que eles gostariam de apresentar. Em um dos trabalhos tratava-se de retirar o ar de dentro de uma garrafa plástica (pet) de refrigerante e observar como ela se amassa devido à diferença de pressão do ar.

Entretanto, os estudantes não tinham noção do conceito de pressão atmosférica nem de como retirar o ar da garrafa plástica. Dei explicações sobre a parte teórica e os ensinei como construir uma bomba de vácuo caseira utilizando uma seringa grande com duas válvulas acopladas; a ideia era que a seringa sugasse o ar e não o deixasse entrar de novo, até chegar num ponto em que a pressão interior do ar ficasse menor que a pressão exterior e, então, a garrafa ficaria amassada. Os estudantes fizeram tudo certo e relataram-me o experimento, de forma que fiquei muito satisfeita. Um dia depois da feira, esses estudantes me procuraram para dizer que o professor tinha dado nota "zero" para a atividade deles porque, segundo ele, os estudantes amassaram a garrafa pet e simularam um efeito que não tinha graça nenhuma. O que eu fiz foi...

Em geral, foi considerada a ação de conversar com o professor de Biologia a fim de esclarecer a situação explicando o funcionamento do experimento. Uma das respostas dos licenciandos não descreveu uma ação, e sim uma possível reflexão sobre a ação, dizendo que "proporia um experimento melhor para o próximo ano".

Interpretamos essas respostas como decisões tomadas a partir de uma visão ingênua da interação com os colegas docentes na vida real, uma vez que eles consideraram relativamente fácil comunicar a outro colega que ele estava "errado", situação que depende de quem é esse professor e do tipo de relação que se tem com esses alunos. Ao mesmo tempo, apresentam uma visão ingênua da interação com os alunos, já que não se propõe, por exemplo, a dialogar mais um pouco com eles para orientá-los sobre como se relacionar com o mencionado professor, a fim de ganhar uma nova oportunidade de explicação por sua própria conta e sem a intervenção do professor que orientou o experimento.

Por outro lado, a opção na qual um licenciando pensaria num experimento "melhor" mostra que, talvez, esse licenciando não tenha entendido em que consiste o experimento, ficando na mesma posição daquele professor que rejeitou a explicação dos alunos, aparentemente por falta de compreensão do fenômeno em si.

Relato 3

Disciplina: Física (Termologia)
Faixa etária: 20 a 25 anos (Engenharia)
Universidade particular

No começo do semestre, nós, os professores de Física da instituição, recebíamos a programação das aulas de laboratório que deveríamos desenvolver nas disciplinas, uma vez que os laboratórios tinham fixas as montagens de alguns experimentos, bem como os auxiliares de laboratório disponíveis para atender os professores em determinados horários previamente agendados. Eu tinha previsto para a semana seguinte uma aula de Hidrostática, na qual iria utilizar uma máquina para determinar o número de Reynolds na fase turbulenta e na fase laminar de fluidos e demonstrar o Teorema de Bernoulli. Eu já havia estudado a parte teórica do tema (fluidos) e tinha lido o "Guia de Laboratório"; entretanto, nunca tinha utilizado esses equipamentos, embora meus colegas me dissessem que o técnico me auxiliaria com seu manuseio. Aconteceu que, na hora da realização dos experimentos, o auxiliar conseguia explicar como acionar os aparatos e quais cuidados tomar, mas não sabia muito bem como desenvolver a prática em si, nem explicar o funcionamento, nem os princípios físicos envolvidos. Por outro lado, o "Guia de Laboratório" que eu havia lido não deixava totalmente claro o procedimento a seguir. O que eu fiz foi...

Foram consideradas ações como:

"Dar uma aula teórica sobre o experimento e agendar uma próxima aula de laboratório."

"Auxiliar a sala com ajuda do técnico para desenvolver a prática, sem deixar transparecer que não sabia."

"Refletir sobre os princípios físicos envolvidos e pedir para eles montarem o procedimento passo a passo."

"Ligar as informações e desenvolver o experimento e, caso não desse certo, dar uma aula tradicional."

O fato de mencionar a "aula teórica" ou "aula tradicional" como o primeiro recurso para resolver o problema pode ser interpretado como uma fórmula que não falha em momentos em que se precisa controlar a sala de aula, já que nessa situação sentem-se seguros de que poderão falar dos conhecimentos que têm do fenômeno e os alunos deverão escutar, sendo uma forma de interagir que não exige maiores complicações com a linguagem ou com formas de ganhar autoridade intelectual perante os alunos.

O fato de optar por "não deixar transparecer que não sabia" pode ser interpretado como uma ação que demonstra o medo do professor de perder o controle da sala, e que tem por trás a imagem do professor como dono do conhecimento, ao qual não é permitido cometer erros nem desconhecer informações. Essa atitude é certamente um freio na hora de tomar decisões que envolvam os alunos para solucionar problemas que se possam apresentar no desenvolvimento das aulas.

A decisão de "agendar uma próxima aula de laboratório" desconhece o contexto institucional, o qual possivelmente não oferece a opção de ter outro tempo para a mesma prática, uma vez que no começo do semestre são agendadas todas as práticas que devem ser trabalhadas no período e, portanto, essa atitude mostra que o professor espera que o contexto se acomode às suas necessidades, e não que suas necessidades devam se acomodar ao contexto.

Relato 4

Disciplina: Física (Mecânica)
Faixa etária: 14 a 16 anos (Ensino médio)
Colégio público

Estava dando uma aula de Mecânica, especificamente sobre o tópico "força de gravidade e sua dependência da massa". Falei que a força de atração da gravidade na Lua era seis vezes menor que na Terra. Um estudante perguntou se isso era uma relação direta com o tamanho dos planetas; quer dizer, se a Lua era seis vezes menor que a Terra. No começo fiquei em dúvida, mas logo me lembrei de que a Lua é bem menor que a Terra e, num processo de dedução, expliquei que teríamos que considerar primeiro se a comparação seria sobre os diâmetros, os volumes ou a densidade das duas esferas (planetas Terra e Lua). Então, tive a ideia de deixar como tarefa para eles que averiguassem os tamanhos da Lua, da Terra e do Sol, e as distâncias, em quilômetros, entre Terra-Lua e Terra-Sol. Pensei também que poderíamos colocar em um gráfico o tamanho da Lua, da Terra e, do Sol e a distância entre eles, elaborar uma escala numa linha horizontal, com o zero no centro de massa da Terra, colocando a Lua de um lado e o Sol do outro. Então, fiz alguns cálculos e pedi para eles trazerem os dados das distâncias e também dez folhas de papel milimetrado.

Na aula seguinte deparei-me primeiro com a necessidade de ensinar conversões de unidades e como selecionar uma escala de medida apropriada, a fim de que os dados coubessem nas folhas que os alunos tinham trazido. Mas, quando eles escolhiam uma escala com unidades muito grandes, era impossível representar o tamanho da Lua, porque o valor obtido era menor do que um ponto. E quando eles escolhiam unidades menores, o tamanho do Sol não podia ser representado, porque o diâmetro ultrapassava a altura da lousa. Alguns estudantes incomodaram-se e me perguntaram por que eu lhes pedia para resolver exercícios que eu mesma não tinha certeza dos resultados que poderiam dar. Eu disse aos estudantes...

Em geral, os licenciandos propuseram orientar os alunos a utilizarem duas escalas: uma para o sistema Sol-Terra, e outra para o sistema Terra-Lua. Em uma das respostas, o licenciando propôs relacionar a questão com a História da Ciência, argumentando que "esse problema de representação já aparecia na Antiguidade".

Note-se que nenhuma das respostas visou a esclarecer a dúvida pontual dos alunos do relato, a respeito do motivo de ter sido proposto esse exercício. Isso pode ser interpretado como se os licenciandos não considerassem as observações dos alunos como material de trabalho em sala de aula, ainda que toda participação deles, em qualquer sentido, fosse motivo de ampliação das reflexões sobre o que estava sendo desenvolvido em sala de aula. Também, é precisamente considerando as opiniões críticas dos alunos que se pode garantir a comunicação e a interação entre alunos e professor.

A opção por separar os sistemas demonstra que os licenciandos não compreenderam a finalidade do exercício – comparar os tamanhos em um só sistema para ter uma ideia real em uma representação gráfica da proporção dos tamanhos de Sol-Terra-Lua. As respostas podem ser vistas como desconhecimento, por parte dos licenciandos, da complexidade que há em se utilizar diferentes escalas numa só representação.

Durante a *reflexão na ação,* o professor tem de tomar decisões na hora, para resolver situações que nunca teria imaginado ou que, mesmo tendo sido imaginadas, precisam de considerações adicionais. Entretanto, na *reflexão sobre a ação*, o professor tem a oportunidade de revisar o que foi feito em sala de aula, com suas causas e consequências, a fim de entender melhor tanto suas formas de atuar quanto as dos alunos e, desse modo, planejar futuras intervenções. Por esse motivo, na segunda parte do exercício foram colocadas quatro questões relacionadas às problemáticas anteriormente apresentadas, mas saindo da conjuntura do problema, para gerar reflexões mais abrangentes sobre a atuação profissional.

A primeira questão foi: *Além da consulta a livros de Física, de que outras formas você poderia aumentar seu domínio sobre o tema a ser ensinado, de modo a permitir que, a qualquer momento, a ordem, a linguagem, e os exercícios preparados pudessem ser alterados?* Obtivemos respostas como:

> "Outras leituras, formação complementar voltada para o ensino."
> "Aprimoramento de recursos didáticos (vídeos, software, internet etc.)."
> "Troca de experiências com outros professores da área."
> "Busca de relações interdisciplinares e com o cotidiano."

Em geral, nota-se a consciência de que o domínio do conhecimento sobre o ensino da Física aumentaria com o conhecimento de outros saberes alheios à Física, especialmente aqueles relacionados com metodologias de intervenção, recursos de apoio ou intercâmbio de ideias entre profissionais da mesma área. Isso mostra uma posição que reconhece a importância de diferenciar entre o que é ter conhecimentos de Física e o que é ensinar Física. Além disso, observamos que os licenciandos não consideram a reflexão como fonte de autoconhecimento, evidenciando uma necessidade de formação nesse sentido.

A segunda questão foi: *Como você poderia planejar o relacionamento com os outros professores, seus colegas da área de Ciências (Física, Química, Biologia e Matemática), a fim de oferecer aos alunos uma visão integrada (ou integradora) das ciências?* Nesse item, em geral, consideraram dois planos:

> "Trabalho no HTPC[3] para discutir projetos comuns (interdisciplinaridade, feira de ciências etc.)."
> "Além do HTPC, trabalho em horários alternativos ou extracurricular (churrasco, happy hour etc.)."

Observamos que se trata de planos que seriam desenvolvidos em horário extracurricular e que não dependem somente deles, uma vez que organizar trabalhos cooperativos ou encontros extras depende da afinidade entre colegas, das condições institucionais, da necessidade e das possibilidades reais de desenvolver tal trabalho interdisciplinar. São fatores que fazem parte das realidades escolares e que, evidentemente, os licenciandos desconhecem, sendo um aspecto que provavelmente vai gerar frustrações em sua vida profissional, por exemplo, ao chegar a uma escola e querer propor inovações ou projetos e não encontrar acolhida ou resposta positiva imediata entre seus colegas.

Embora haja um reconhecimento da importância do trabalho interdisciplinar, ninguém considerou trabalhar a partir do desenvolvimento interno de suas próprias aulas. Isso ocorre quando não se considera dialogar com os colegas sobre o que estão ensinando, a fim de adequar os seus tópicos de ensino, ou discutir a ciência que se está ensinando. Também não se considera a necessidade de adequar as atitudes e os procedimentos desenvolvidos na aula com os objetivos educacionais da escola. Por outro lado, os licenciandos não apresentam o propósito de estudar resultados de pesquisa na área de ensino para enriquecer o tratamento que darão aos conteúdos de Física. Isso ocorre possivelmente porque se dá por entendido que todos os professores que atuam numa escola compartilham os mesmos princípios.

A questão 3 foi: *Em que momentos você considera que é possível reconhecer perante os alunos que você desconhece algum assunto? Como superar isso?* Para essa questão obtivemos respostas como:

---

3 A sigla "HTPC" é usada para designar "Horário de trabalho pedagógico coletivo" nas escola públicas do estado de São Paulo.

"Quando a situação pede conhecimentos mais específicos."
"Quando o erro não é essencial para o decorrer da aula."
"Quando o conhecimento do professor não é suficiente."

Outras respostas mostram que superariam o reconhecimento do erro:

"Explicando claramente aos estudantes a situação ou o desconhecimento."
"Procurando se informar sobre o assunto em questão."

Em primeiro lugar, notamos que há um reconhecimento de que o professor pode ter falhas e se propor a superá-las, sem afetar a aprendizagem do aluno. Porém, a posição na qual somente se admitiria o erro quando "não for essencial para o decorrer da aula" – ou seja, se o professor estiver encarando um erro de "fundo" no conteúdo, ele deixaria passar o assunto para que os alunos não detectassem uma possível ignorância – expressa uma intenção de pôr os interesses do professor acima dos interesses dos alunos ao tentar se manter como dono do conhecimento de forma independente à qualidade da aprendizagem dos alunos, e também demonstra a existência de uma limitação nas formas de interagir com os alunos.

Finalmente, a questão 4 foi: *Partindo do fato de que você sempre vai se deparar com situações que exigem improvisação de última hora, e que isso acarreta riscos, como falta de coerência do que se faz, como você poderia se preparar para minimizar os riscos da improvisação?* Para esta questão, as respostas foram:

"Preparação melhor da aula e previsão de possíveis questões que os alunos possam vir a fazer."
"Levar material de consulta."
"Ler bastante."
"Utilizar diferentes tipos de atividades verificadas anteriormente."

Essa questão procurou levá-los a se conscientizar de que na profissão docente há uma necessidade de planejamento para minimizar os riscos de não dominar o desenvolvimento da aula. Nesse sentido, eles apontam como opções preparar as aulas pensando nas possíveis questões que os alunos possam vir a fazer, ou verificar previamente as atividades a desenvolver ou propiciar material de consulta que obviamente deve ser organizado antes de ir para sala de aula, o que implicaria um verdadeiro compromisso com o ensino, indo além do mero "domínio" do conteúdo da Física que se aprendeu na faculdade.

A outra opção é "ler bastante", não somente para a preparação de uma aula em particular, mas como formação continuada e permanente, buscando se especializar cada vez mais nos assuntos relacionados com o ensino da Física e de cultura geral.

Em todas essas respostas, observa-se um reconhecimento por parte dos licenciandos de que é possível aprimorar a intervenção do professor em sala de aula, além de estudar Física. Também há um reconhecimento da complexidade da função docente no que diz respeito às formas de melhorar ou potencializar a intervenção em sala de aula. Observa-se, porém, em várias oportunidades, falta de reconhecimento da reflexão e da possibilidade da crítica sobre a ação. Isso pode indicar que os futuros professores ainda não se deram conta da possibilidade de serem professores pesquisadores do seu próprio exercício profissional. Em geral, consideramos que esse exercício permitiu evidenciar modos de pensar, tanto dos licenciandos quanto dos professores, e refletir sobre os mesmos, contribuindo para a construção do conhecimento próprio de cada um dos licenciandos com relação às especificidades do ensino de Física.

Apresentamos a seguir mais dois relatos que, apesar de criados, não foram levados à prática por questão de tempo, a fim de que o leitor possa utilizá-los. Mas é claro que o ideal seria que cada professor criasse seus próprios relatos, o que garantiria uma análise mais próxima ao contexto dos envolvidos.

Relato 5

Disciplina: Matemática
Faixa etária: 12-13 anos (7°ano do ensino fundamental)
Colégio privado

Eu fui contratada para ensinar Física no ensino médio; entretanto, a carga horária era de quatro horas semanais para quatro turmas, totalizando dezesseis horas. Dessa forma, eu precisava completar a carga com mais duas turmas, e então a Direção da escola perguntou-me se eu aceitaria ensinar Matemática no 7º ano. Aceitei, analisei o programa da disciplina e verifiquei que o tema principal era "frações". Aproveitando meus conhecimentos de Física e o material que tinha em casa, decidi levar para a aula um vídeo sobre Astronomia, no qual, por meio de uma animação, eram explicadas as diferenças de tamanho dos planetas e essas eram dadas na forma de razões (frações). O vídeo apresentava também os planetas em rotação e translação, suas órbitas e anéis. Após assistir ao vídeo, uma estudante perguntou se isso era verdade. Eu disse que sim; mas ela respondeu que isso era uma animação, pela impossibilidade de que alguém pudesse ir com uma filmadora e filmar os planetas. Eu concordei e disse que não; mas que eles (o pessoal da Nasa, autores do vídeo) tinham feito observações que lhes permitiam tirar essas conclusões. Então, outra estudante perguntou: Como eles fizeram para saber de que tamanho são os planetas? Eu respondi...

Relato 6

Disciplina: Física (Mecânica)
Faixa etária: 14 a 16 anos (Ensino médio)
Colégio público

Eu estava ministrando uma aula sobre "queda de corpos" quando, num determinado momento da explicação, para melhor ilustrar o tema, resolvi deixar cair no chão um lápis e um apagador de madeira. Perguntei aos alunos se, ao deixá-los cair ao mesmo tempo, e da mesma altura, os objetos atingiram o chão ao mesmo tempo. Alguns responderam que sim; outros, que o lápis chegaria primeiro; e outros, que seria o apagador. Um aluno disse que os objetos estavam muito perto do chão e se ofereceu para largá-los de uma posição mais alta, de cima da mesa; entretanto, todos continuavam respondendo como responderam inicialmente. Então alguém disse que seria melhor deixá-los cair da janela (nossa aula estava acontecendo no quarto andar do edifício). Tive a ideia de largar os objetos da varanda do corredor, que dava de frente para o pátio central do colégio. Organizei a turma em grupos, a metade soltaria os objetos e a outra metade iria observá-los cair no chão do pátio. Tudo ia bem, só que eles foram correndo pelas escadas e um estudante caiu; outro estudante decidiu aproveitar para ir procurar seu

Didática da Física

irmão em outra sala de aula para dar um recado. Os estudantes que observavam do pátio estavam ansiosos e gritavam alto; e apostavam nas mesmas conclusões da sala de aula. Além disso, ventava forte; assim, os alunos foram em busca de objetos mais pesados... O tumulto acabou gerando queixas para a coordenação pedagógica da escola. Foi então que a coordenadora me chamou para perguntar o que é que estava acontecendo; solicitou que eu retornasse à sala de aula e continuasse com as atividades lá dentro.

O que respondi para a coordenadora foi... O que falei para os estudantes foi...

Para finalizar, apresentamos no Quadro 6.3 a síntese dos conteúdos, metodologia geral de interação em sala de aula e modalidades de registro de material a ser avaliado, nos diferentes exercícios propostos, para levar à prática a *dimensão sociocultural*.

Quadro 6.3 – Síntese de conteúdos, metodologias e registro de avaliação nos exercícios da dimensão sociocultural.

Conteúdos	Metodologia	Registro de avaliação
Dificuldades de comunicação com alunos deficientes visuais/ Características do pensamento infantil e aprendizagem do mundo físico/ Perspectivas de aprendizagem na EJA/ Uso de analogias no ensino da Física no ensino médio.	Dinâmica *trabalho colaborativo* a partir da análise do ensino de Física para quatro tipos de alunos: deficientes visuais, crianças, adultos e adolescentes.	Participação coletiva e registro escrito das propostas de solução aos problemas colocados.
Propostas, críticas e desafios da Didática das Ciências na perspectiva CTS/ Documentos de descrição científica sobre os problemas/ Notícias recentes sobre tecnologia para o cuidado com o meio ambiente/ Notícias recentes do projeto de lei no Senado brasileiro sobre política ambiental.	Dinâmica *debate* a partir do problema na interpretação do significado da relação CTS. Trabalho propositivo.	Participação escrita e oral no debate. Formato de elaboração de propostas de aula.

(continua)

(continuação)

Conteúdos	Metodologia	Registro de avaliação
Relatos da pesquisadora sobre diversas situações vividas em sua experiência de ensino da Física.	Dinâmica *o relógio*, a partir da reflexão sobre relatos apresentados aos licenciandos. Reflexão orientada.	Complementos aos relatos/ Respostas às perguntas indicadas /Socialização de reflexões.
Produção escrita sobre tópicos desenvolvidos com base nos diferentes referenciais teóricos (8 artigos).	Dinâmica *retroalimentação*, prova escrita.	Prova escrita.

6.4. Referenciais sugeridos como base para gerar novos exercícios

BARBOSA-LIMA, M.; CARVALHO, A. M. P. Exercícios de raciocínio em três linguagens: ensino de Física nas séries iniciais. *Ensaio. Pesquisa em Educação em Ciências*, Belo Horizonte, v.4, n.1, p.59-77, 2002.

_____. Linguagem e o ensino de Física na escola fundamental. *Caderno Brasileiro de Ensino de Física*, Florianópolis, v.20, n.1, p.86-97, 2003.

BARBOSA-LIMA, M.; CARVALHO, D. A importância de ensinar Física para pessoas de ensino fundamental portadoras de necessidades especiais auditivas. *Arqueiro*, Rio de Janeiro, v.7, p.40-7, 2003.

BARBOSA-LIMA, M.; QUEIROZ, G. Preposições nas aulas de Física: como podem influir. *REEC. Revista Electrónica de Enseñanza de las Ciencias*, v.6, p.129/1-145, 2007.

BARROS, M. A. et al. Dinámica discursiva de una profesora de Ciencias en una clase sobre conocimiento físico. *Revista de Enseñanza de la Física*, v.21, n.1, p.43-58, 2008.

BARROS, M. A.; LABURÚ, C. El papel de las creencias motivacionales en la formación de profesores de Física de la enseñanza media y su relación con el saber profesional. *Enseñanza de las Ciencias*, v. extra, p.2522-27, 2009.

BARROS, M. A.; VILLANI, A. A dinâmica de grupos de aprendizagem de Física no ensino médio: um enfoque psicanalítico. *Revista Investigações em Ensino de Ciências*, v.9, n.2, p. 115-137,2004.

BASTOS, P. W.; MATTOS, C. R. Física para uma saúde auditiva. *Revista Brasileira de Pesquisa em Educação em Ciências*, v.9, p.1-26, 2009

BOZELLI, F. C.; NARDI, R. O discurso analógico no ensino superior de Física. In: NARDI, R.; ALMEIDA, M. J. (Org). *Analogias, leituras e modelos no ensino da ciência*: a sala de aula em estudo. São Paulo: Escrituras, 2006. p.11-28.

BOZELLI, F.; NARDI, R. O uso de analogias no ensino de Física em nível universitário: interpretações sobre os discursos dos professores e dos alunos. *Revista Brasileira de Pesquisa em Educação em Ciências*, v.6, n.3, p.77-100, 2006.

CAMARGO, E. P. A comunicação como barreira à inclusão de alunos com deficiência visual em aulas de Mecânica. *Ciência & Educação*, Bauru, v.16, n.1, p.259-75, 2010.

_____. Análise das dificuldades e viabilidades para a inclusão do aluno com deficiência visual em aulas de Termologia. *Revista Interciência & Sociedade*, v.1, n.1, p.9-17, 2011.

_____ et al. Disco de Newton multissensorial. *A Física na Escola*, v.10, n.2, p.35-6, 2009.

_____ et al. Contextos comunicacionais adequados e inadequados à inclusão de alunos com deficiência visual em aulas de Óptica. *REEC. Revista Electrónica de Enseñanza de las Ciencias*, v.8, p.98-122, 2009.

CAMARGO, E. P.; NARDI, R. Planejamento de atividades de ensino de Mecânica e Física moderna para alunos com deficiência visual: dificuldades e alternativas. *REIEC. Revista Electrónica de Investigación en Educación en Ciencias*, v.1, n.2, p.39-64, 2006.

CAMARGO, E. P.; NARDI, R.; VERASZTO, E. V. A comunicação como barreira à inclusão de alunos com deficiência visual em aulas de Ótica. *Revista Brasileira de Ensino de Física*, v.30, n.3, p.3401.1-3401.13, 2008.

_____. A comunicação como barreira à inclusão de alunos com deficiência visual em aulas de Eletromagnetismo. *Revista Iberoamericana de Educación*, v.47, p.1-18, 2008. [on-line]

CAMARGO, E. P.; SILVA, D. O ensino de Física na perspectiva de alunos com deficiência visual: atividades que abordam a relação entre os conceitos de atrito e aceleração. *Revista Eletrônica do Mestrado Profissional em Ensino de Ciências: Ensino, Saúde e Ambiente*, v.2-3, p.38-59, 2009.

CAMARGO, E. P.; SCALVI, L. V. A.; BRAGA, T. M. S . O ensino de Física e os portadores de deficiência visual: aspectos observacionais não visuais de questões ligadas ao repouso e ao movimento dos objetos. In: NARDI, R. (Org). *Educação em Ciências*: da pesquisa à prática docente. 3.ed. São Paulo: Escrituras, 2001. p.117-33.

CAPECCHI, M. C. V. M.; CARVALHO, A. M. P. Argumentação numa aula de Física. *In*: CARVALHO, A. M. P. (Org.). *Ensino de Ciências*: unindo a pesquisa e a prática. São Paulo: Thomson, 2004.

_____. Argumentação em uma aula de conhecimento físico com crianças na faixa de oito a dez anos. *Investigações em Ensino de Ciências*, Porto Alegre, v.5, n.3, p. 171-89, 2000.

CARVALHO, A. M. P. Metodología de investigación en enseñanza de Física: una propuesta para estudiar los procesos de enseñanza y aprendizaje. *Enseñanza de la Física*, v.18, n.1, p.29-37, 2005.

_____. Enseñar Física y fomentar una enculturación científica. *Alambique – Didáctica de las Ciencias Experimentales*, v.13, n.51, p. 66-75, 2007.

_____ et al. *Termodinâmica*: um ensino por investigação. São Paulo: Faculdade de Educação da Universidade de São Paulo, 1999.

FERRARI, P. C.; ANGOTTI, J. A. P.; TRAGTENBERG, M. R. Educação problematizadora a distância para a inserção de temas contemporâneos na formação docente: uma introdução à teoria do caos. *Ciência & Educação*, Bauru, v.15, n.1, p.85-104, 2009.

FREDETTE, H.; CLEMENT, J. Student Misconceptions of an Electric Circuit: what do They Mean? *Journal of College Science Teaching*, v.5, p.280-5, 1981.

GIL-PEREZ, D., SOLBES, J. The Introduction of Modern Physics: Overcoming a Deformed Vision of Science. *International Journal of Science Education*, v.15, n.3, p.255-60, 1993.

GRANT, R. Basic Electricity: a Novel Analogy. *The Physics Teacher*, v.34, p.188-9, 1996.

HALLOUN, I. A., HESTENES, D. *Common Sense Concepts About Motion*. American Association of Physics Teachers, p.1.056-65, 1985.

LA ROSA, C. et al. Commonsense Knowledge in Optics: Preliminary Results of an Investigation Into the Properties of Light. *European Journal of Science Education*, v. 6, n. 4, p.387-97, 1984.

LOCATELLI, R. J.; CARVALHO, A. M. P. Uma análise do raciocínio utilizado pelos alunos ao resolverem os problemas propostos nas atividades de conhecimento físico. *Revista Brasileira de Pesquisa em Educação em Ciências*, v.7, n.1, p.1-18, 2007.

MATTOS, C. R.; DIAS, R. A.; BALESTIERI, J. A. P. Um exercício de uso racional da energia: o caso do transporte coletivo. *Caderno Catarinense de Ensino de Física*, Florianópolis, v.23, n.1, p.7-25, 2006.

MONTEIRO, M. A.; NARDI, R.; BASTOS FILHO, J. B. A sistemática incompreensão da teoria quântica e as dificuldades dos professores na introdução da Física moderna e contemporânea no ensino médio. *Ciência & Educação*, Bauru, v.15, n.3, p.557-80, 2009.

MONTENEGRO, R. L.; PESSOA JR., O. Interpretações da teoria quântica e as concepções dos alunos do curso de Física. *Investigações em Ensino de Ciências*, Porto Alegre, v.7, n.2, p.1-20, ago. 2002.

NASCIMENTO, C. A.; BARBOSA-LIMA, M. C. A. O ensino de Física nas séries iniciais do ensino fundamental: lendo e escrevendo histórias. *Revista Brasileira de Pesquisa em Educação em Ciências*, v.6, p.43-58, 2006.

OSTERMANN, F.; RICCI, T. F. Construindo uma unidade didática conceitual sobre Mecânica Quântica: um estudo na formação de professores de Física. *Ciência & Educação*, Bauru, v.10, n.2, p.235-57, 2004.

PACCA, J. L. A. et al. Corrente elétrica e circuito elétrico: algumas concepções do senso comum. *Caderno Brasileiro de Ensino de Física*, Florianópolis, v.20, n.2, 2003.

PACCA, J. L. A.; HENRIQUE, K. F. Dificultades y estrategias para la enseñanza del concepto de energía. *Enseñanza de las Ciencias*, Barcelona, v.22, n.1, p.159-66, 2004.

PEREIRA, A.; OSTERMANN, F.; CAVALCANTI, C. O ensino de Física Quântica na perspectiva sociocultural: uma análise de um debate entre futuros professores mediado por um interferômetro virtual de Mach-Zehnder. *Revista Electrónica de Enseñanza de las Ciencias*, v.8, n.2, p.376-98, 2009.

QUEIROZ, G. R. P. C.; BORGES DE SOUSA, C. J.; MACHADO, M. A. D. A prática de pesquisa de um professor do ensino fundamental envolvendo modelos mentais de fases da Lua e eclipses. *Revista Latino-Americana de Educação em Astronomia*, v.8, p.19-36, 2009.

QUEIROZ, G. R. P. C.; GUIMARAES, L. A.; BOA, M. C. F. O professor artista-reflexivo de Física, a pesquisa em Ensino de Física e a modelagem analógica. *Revista Brasileira de Pesquisa em Educação em*

Ciências, Porto Alegre, v.1, n.3, p.86-98, 2001.

RODRIGUES, A. M. et al. Planning Lessons: a Socio-Historicalcultural Approach in Physics Teaching. *Science Education International*, v.21, p.241-51, 2010.

SANTINI, N. D.; TERRAZZAN, E. A. Ensino de Física com equipamentos agrícolas numa escola. *Experiências em Ensino de Ciências*, v.1, n.2, p.50-61, 2006.

SCARINCI, A. L.; PACCA, J. L. A. Um curso de Astronomia e as pré-concepções dos alunos. *Revista Brasileira de Ensino de Física*, São Paulo, v.28, n.1, p.89-99, 2006.

SEVILLA, J. et al. Physics for Blind Students: a Lecture on Equilibrium. *Physics Education* v.26, p.227-30, 1991.

SILVA, F. R.; BARROS, M. A.; LISBOA, I. Auto-eficácia docente: um estudo com professores de Física. *Psicologia para América Latina*, v.1, p.1-8, 2011.

SILVA, G. F.; VILLANI, A. Grupos de aprendizagem nas aulas de Física: as interações entre professor e alunos. *Ciência & Educação*, Bauru, v.15, n.1, p.21-47, 2009.

SILVA, L. L.; SORPRESO, T.; ALMEIDA, M. J. P. M. Imaginário de alunos de licenciatura em Física sobre algumas questões relativas ao ensino dessa disciplina. *Revista de la Facultad de Ciencia y Tecnologia*, v. extra, p.249-55, 2009.

SILVA, L. L.; TERRAZZAN, E. A. Correspondências estabelecidas e diferenças identificadas em atividades didáticas baseadas em analogias para o ensino de modelos atômicos. *Experiências em Ensino de Ciências*, v.3, n.2, p.21-37, 2008.

_____. Familiaridade de alunos de ensino médio com situações análogas. *Caderno Brasileiro de Ensino de Física*, Florianópolis, v.26, n.1, p.1, 2009.

_____. As analogias no ensino de conteúdos conceituais, procedimentais e atitudinais em aulas de Física do ensino médio. *Experiências em Ensino de Ciências*, v.6, n.1, p.133-54, 2011.

SOLOMON, J.; BLACK, P.; STUART, H. The Pupil's View of Electricity Revisited: Social Development Cognitive Growth? *Europeam Journal of Science Education*, v.9, n.1, p.13-22, 1985.

SORPRESO, T. P.; ALMEIDA, M. J. P. M. Aspectos do imaginário de licenciandos em Física numa situação envolvendo a resolução de problemas e a questão nuclear. *Caderno Brasileiro de Ensino de Física*, Florianópolis, v.25, n.1, p.77-98, 2008.

TERRAZZAN, E. A. et al. Estudo das analogias utilizadas em coleções didáticas de Biologia, Física e Química. *Enseñanza de las Ciencias*, v. extra, p.1-12, 2005.

VIDOTTO, L. C.; LABURÚ, C. E.; BARROS, M. A. Uma comparação entre avaliação tradicional e alternativa no ensino médio de Física. *Revista Brasileira de Pesquisa em Educação em Ciências*, v.5, n.1, p.77-89, 2005.

VIEIRA, R. D.; NASCIMENTO, S. S. A argumentação no discurso de um professor e seus estudantes sobre um tópico de Mecânica newtoniana. *Caderno Brasileiro de Ensino de Física*, Florianópolis, v.24, n.2, p.174-93, 2007.

_____. Uma proposta de critérios marcadores para a identificação de situações argumentativas em sala de aula de ciência. *Caderno Brasileiro de Ensino de Física*, Florianópolis, v.26, n.1, p.81-102, 2009.

VIENNOT, L. Spontaneous Reasoning in Elementary Dynamics. *European Journal of Science Education*, v.1, n.2, p.205-221, 1979.

VIENNOT, L.; CHAUVET, F. Two Dimensions to Characterize Research-Based Teaching Strategies: Examples in Elementary Optics. *International Journal of Science Education*, v.19, n.1, p.1.159-68, 1997.

VILLANI, A.; CARVALHO, L. M. O. Discursos do professor e subjetividade na aprendizagem de Física. *Investigações em Ensino de Ciências*, Porto Alegre, v.10, n.3, p.87-117, 2005. [on-line]

VILLANI, A.; PACCA, J. L. A. Students' Spontaneous Ideas About the Speed of Light. *International Journal of Science Education*, v.9, n.1, p.55-66, 1987.

VILLANI, C. E. P.; NASCIMENTO, S. S. A argumentação e o ensino de ciências: uma atividade experimental no laboratório didático de Física do ensino médio. *Investigações em Ensino de Ciências*, Porto Alegre, v.8, n.3, p.187-209, 2003.

WEIGERT, C.; VILLANI, A.; FREITAS, D. A interdisciplinaridade e o trabalho coletivo: análise de um planejamento interdisciplinar. *Ciência & Educação*, Bauru, v.11, n.1, p.144-64, 2005.

ZANETIC, J.; PINTO, A. C. É possível levar a Física Quântica para o ensino médio? *Caderno Catarinense de Ensino de Física*, Florianópolis, v.16, n.1, p.7-34, abr. 1999.

ZANOTELLO, M.; ALMEIDA, M. J. P. M. Produção de sentidos e possibilidades de mediação na Física do ensino médio: leitura de um livro sobre Isaac Newton. *Revista Brasileira de Ensino de Física*, v.29, n.3, p.437-46, 2007. [on-line]

7
DIMENSÃO DE INTERAÇÃO

Para o desenvolvimento da *dimensão de interação* neste capítulo, estamos considerando duas propostas. A primeira sugere aproveitar a tomada de consciência dos licenciandos nas duas dimensões anteriores (física e sociocultural) para ajudá-los a entender a necessidade de se formarem no enriquecimento da interação em sala de aula a partir de recursos auxiliares. A segunda sugere levá-los a ampliar suas visões sobre as possibilidades de uso da experimentação, das tecnologias e dos referenciais bibliográficos.

Quanto ao uso da experimentação em sala de aula, consideramos que vai além de "motivar" ou "cativar" os alunos. Ela é importante, entre outros aspectos, para orientá-los na compreensão de suas formas de explicar e interagir com os colegas visando a aprimorar raciocínios e ampliar sua linguagem científica. Para tanto, visamos envolver os licenciandos em análises das práticas a partir de exercícios nos quais possam trabalhar na identificação de variáveis que intervém em um sistema, nas teorias que explicam o fenômeno e nas análises de possíveis formas de integrar este conhecimento ao ensino.

Esperamos, com isso, proporcionar avanços no aprendizado da Física envolvida nas práticas dos licenciandos, permitindo-lhes ampliar e compreender seus processos de elaboração de explicações e, assim, proporcionando-lhes uma visão mais ampla das possibilidades de inserção desse recurso em sala de aula.

Com relação ao uso de TICs, propomo-nos questionar as concepções dos licenciandos sobre as potencialidades reais de diversos recursos tecnológicos, indo além da consideração do uso do computador como mero fornecedor de informações ou facilitador de cálculos, e estudando modos diferenciados de interação mediados pela tecnologia, por meio de exercícios práticos que lhes permitam criar critérios para julgar a conveniência ou não de utilizá-los num determinado processo de ensino de Física.

Finalmente, com relação ao uso do material bibliográfico, buscamos levar o licenciando a (re)conhecer a diferença entre materiais, como livro didático, resultados de pesquisa em Física, resultados de pesquisa em Ensino de Física, textos de divulgação científica e em enciclopédia virtual, com suas respectivas possibilidades de uso.

Objetivamos orientá-los na construção de critérios que permitam analisar as finalidades consideradas na produção desses materiais. Ou seja, critérios para determinar o grau de concordância com a forma como se apresenta o conhecimento científico nesses recursos e critérios para determinar as vantagens e desvantagens de utilizá-los, seja diretamente nas atividades com os alunos, na autoformação do professor ou no planejamento de atividades que envolvam críticas reflexivas sobre diversos tipos de materiais.

7.1. Exercícios estudando os usos da experimentação

Elaboramos um material que visa apresentar aos licenciandos pelo menos quatro formas diferenciadas de usar a experimentação, inspirado no trabalho de Sanmartí, Marquez e García (2002). Esses autores ressaltam que, embora ninguém duvide da função da prática de laboratório para "motivar" ou da prática como meio para reforçar a teoria, tais funções não são a principal riqueza das práticas, nem acontecem exclusivamente a partir delas. A sua riqueza depende da finalidade com que é usada, por exemplo: orientar o aluno na compreensão de seus modelos explicativos, ou na evolução de suas formas de raciocinar, falar ou se empolgar com os fenômenos científicos.

Também nos inspiramos no trabalho de Séré, Coelho e Nunes (2003), que apresentam uma concepção de experimentação como um método que permite ao aluno estabelecer ligações entre conceitos, objetos e linguagens simbólicas.

Alguns dos exercícios foram criados com base na literatura e outros com base em nossa própria produção e experiência no ensino da Física. Foram identificadas quatro tipologias de experimentos, ou abordagens, de acordo com as diversas funcionalidades que apresentam para o trabalho em sala de aula: o experimento de pensamento, o experimento de ilustração, o experimento de comprovação e o experimento caseiro.

A tipologia foi nomeada em função das possíveis maneiras de interação que o exercício possibilita. Isso não significa que cada um contribua para uma função específica, já que com todos os tipos de abordagens é possível atingir os mesmos objetivos, mas, sim, que os "caminhos", isto é, a linguagem, os problemas a resolver, as formas de representá-los, o tempo de dedicação e a logística são diferenciados e, portanto, precisam de análises diferenciadas. Também não significa que não possam ser organizadas outras tipologias, por exemplo, o experimento virtual, o experimento lúdico, o experimento discrepante, entre outros.

Em todas as situações, os licenciandos foram solicitados a expressar a fundamentação teórica da situação física em estudo, identificar variáveis, parâmetros e constantes, identificar as partes do sistema e elaborar uma explicação do que acontece no experimento usando a linguagem a partir de nomes, frases, formas geométricas, representações gráficas, desenhos etc.

Para cada uma das abordagens, selecionamos um tópico da Física em função do material disponível na literatura. Na sequência, descrevemos os experimentos trabalhados com seu fim específico, os relatos dos licenciandos sobre a escala de espaço e tempo em que ocorre o fenômeno, as partes do sistema, as variáveis e os parâmetros e, por fim, a resolução do problema proposto.

Posteriormente, desenvolvemos a análise dos resultados em conjunto, de forma a comparar o que aconteceu nos diferentes grupos.

Na Figura 7.1 observa-se o conjunto de materiais que foram organizados para as atividades em sala de aula, a fim de realizar os arranjos nas diferentes tipologias de experimentos.

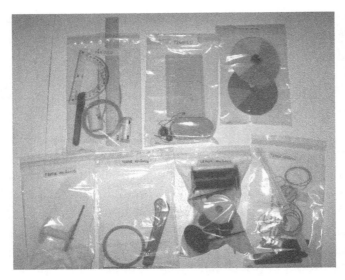

Figura 7.1 – Materiais para montagem das práticas experimentais sobre disco de Newton, pêndulo simples e trator mecânico.
Fonte: Os autores.

A dinâmica de aula consistiu em dividir a turma em quatro grupos e entregar o material necessário para que cada grupo desenvolvesse uma das práticas, com roteiros especialmente planejados para cada caso, a fim de que resolvessem um problema cuja solução deveriam socializar com seus colegas na segunda parte da aula.

No momento de apresentação por parte dos licenciandos, desenvolveu-se simultaneamente a dinâmica de coavaliação, sendo entregue uma ficha com indicadores passíveis de serem avaliados por meio de uma escala tipo Likert, com a qual os colegas coavaliaram a apresentação.

1. O experimento de pensamento

Usado a fim de possibilitar deduções lógicas com base na compreensão da teoria. Tomamos um trecho do livro de Einstein e Infeld (1943, p.9-37), no qual se apresenta o experimento de pensamento do elevador, que destaca as consequências de observar a queda dos corpos em sistemas de referência inerciais e não inerciais.

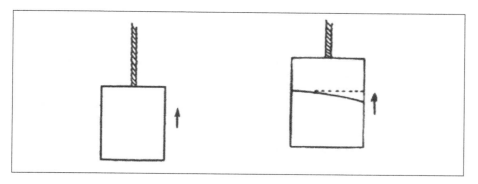

Figura 7.2 – O elevador de Einstein
Fonte: Einstein et al. (1943).

> **Problema a resolver (PR):** Analisar o experimento de pensamento apresentado pelos autores, estudar a definição dos sistemas de referência, explicar para seus colegas as conclusões dos autores.
>
> **Solução dos licenciandos (SL):** "O experimento consiste em, através do exemplo da queda livre de um elevador e da subida acelerada do mesmo, avaliar como os fenômenos físicos podem ser descritos, segundo diferentes sistemas de referência."

2. O experimento de ilustração

Foi proposto com o fim de possibilitar a introdução de uma discussão dirigida. Para isto elaboramos manualmente discos de Newton que permitem ilustrar a superposição de cores para obter a cor branca.

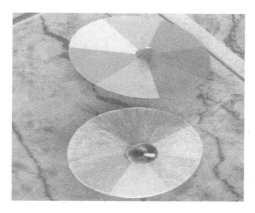

Figura 7.3 – Discos de Newton elaborados manualmente
Fonte: Os autores.

> *Disco de Newton*
>
> **PR:** Estudar as variáveis do sistema (velocidade do disco, cores, tamanho das cores, tempo), formular questões para motivar discussões entre seus colegas sobre o fenômeno de superposição de cores e resolver tais questões previamente à discussão.
> **SL:** "Quando giramos o disco com uma determinada velocidade angular [...] começaremos a enxergar as imagens sobrepostas até um ponto que a velocidade vai ser tal, que iremos enxergar todas as cores sobrepostas, formando a cor branca."

3. O experimento de comprovação

Foi desenvolvido por meio da tomada e análise de dados do pêndulo simples, para o qual foi organizado um arranjo experimental passível de ser manuseado em sala de aula, quer dizer, sem ter de se deslocar para o laboratório.

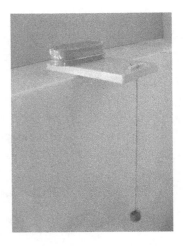

Figura 7.4 – Montagem experimental do pêndulo simples
Fonte: Os autores.

> Pêndulo simples
>
> **PR:** Montar o experimento. Tomar dados liberando o objeto preso ao fio de um ângulo de 5 graus em relação à vertical, medir o tempo de 10 oscilações e calcular o período. Repetir, variando a massa e o comprimento, explicar o que foi demonstrado.
> **SL:** "Descrição da tomada de dados (comprimentos do fio para duas massas diferentes a partir de um ângulo de 10 e 20 graus, cálculo do período e cálculo da aceleração da gravidade)."

4. O experimento caseiro

Objetivou envolver os licenciandos na solução do problema de melhorar o funcionamento do arranjo experimental nomeado "trator mecânico", que se fundamenta na transformação de energia potencial elástica em energia cinética, para o qual foi organizado um conjunto de materiais e instruções, a partir do trabalho de Avendaño et al. (2012).

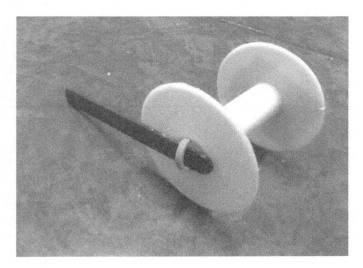

Figura 7.5 – Trator mecânico
Fonte: Os autores.

Trator mecânico

PR: Utilizando os materiais (carretel, fita adesiva, elástico, palitos de sorvete e de churrasco), variar o tamanho desses materiais, verificando a quantidade de trabalho realizado em relação à energia fornecida ao sistema para obter a opção mais eficiente.

SL: "Ao fornecer energia ao sistema, esta é armazenada como energia potencial elástica no elástico. Posiciona-se o carretel de linha em uma superfície horizontal com o palito fixo em uma das extremidades. Posteriormente, solta-se o palito; o elástico gira, ocorrendo, assim, a transformação de energia elástica potencial em energia cinética."

Na Tabela 7.1, sintetizamos as respostas com relação à caracterização dos sistemas físicos em cada experimento.

Tabela 7.1 – Caracterização dos sistemas físicos para cada experimento feita pelos licenciandos a partir da pergunta por escalas de espaço e tempo em que se desenvolve o fenômeno, partes do sistema, variáveis e parâmetros.

Experimento	Escala de espaço e tempo	Partes do sistema	Variáveis	Parâmetros
Elevador	Altura do prédio e tempo de queda.	Referencial no elevador e referencial na Terra.	Velocidade e aceleração.	Sistemas de referência inercial e não inercial.
Disco	Área do disco e segundos.	Cores do disco parado ou em movimento.	Velocidade angular, velocidade do olho humano, cores do disco.	Velocidade do disco, deformação da imagem do olho, largura das faixas, cores do disco, luminosidade.
Pêndulo	Centímetros e segundos.	Fio, objeto (massa) e suporte.	Comprimento do fio e tempo.	Ângulo de 5 graus.
Trator	Centímetros e segundos.	Palito (menor) fixo ao carretel, carretel e palito maior que descreve a translação.	Dimensões do carretel, elástico e palitos.	Diâmetros, comprimentos e massas do carretel, elástico e palito. Energia fornecida ao sistema. Capacidade de deformação do elástico.

As respostas apresentadas na Tabela 7.1 evidenciam algumas dificuldades que os licenciandos apresentam na compreensão dos fenômenos em si, como ocorre com o exercício do elevador, no sentido apresentado por Einstein, ao confundir os sistemas de referência inercial e não inercial no mesmo sistema e desconsiderar a variável "força"; ou, no caso do pêndulo simples, a desconsideração da Terra como parte integrante do sistema; e, no caso do disco de Newton, a desconsideração do observador no sistema. Também a indistinção entre variáveis e parâmetros no caso do trator mecânico, no qual se consideram parâmetros que, na verdade, são variáveis.

Em geral, observamos que os licenciandos optaram pela descrição do que se observa, sem utilizar outras formas de expressão (gráficos, desenhos, analogias). Somente no caso do pêndulo simples foram utilizadas as equações por conta dos cálculos que deviam ser feitos. Interpretamos esse fato como uma limitação para integrar as teorias aprendidas a seus modos de explicar.

No caso do experimento do elevador de Einstein, não explicaram as conclusões do autor. No disco de Newton, não formularam questões. No pêndulo simples, tomaram um ângulo maior do que o sugerido e limitaram-se aos cálculos, tendo que explicar que, se eliminados todos os problemas das medições, poderiam demonstrar que o valor da aceleração da gravidade seria constante. No trator mecânico, não conseguiram organizar uma versão mais eficiente do que a que lhes foi apresentada.

Interpretamos que eles têm dificuldade em identificar e resolver problemas que não estão diretamente associados à resolução de problemas teóricos de Física, do tipo aplicações de uma equação para obter um dado, significando que não imaginam problemáticas associadas ao ensino por meio desses arranjos experimentais.

De uma forma geral, percebemos que os licenciandos mostraram-se motivados para participar dos exercícios. Além disso, concluíram que os experimentos permitiram confrontar seus conhecimentos e a perceber que ainda possuem falta de clareza e lacunas em alguns tópicos de Física que precisam ser aprofundados. Reconheceram, também, ter experienciado novas formas de trabalhar experimentos em sala de aula.

Os resultados das respostas aos roteiros de análise de cada tipo de experimento mostraram que, em geral, os licenciandos têm domínio dos conteúdos teóricos dos fenômenos físicos estudados. Porém, quando esses conteúdos são estudados experimentalmente e devem ser explicados, surgem algumas dificuldades para relacionar a informação teórica que possuem com a explicação do fenômeno que ocorre.

A partir da socialização desses resultados, foram desenvolvidas reflexões que evidenciaram o reconhecimento pelos licenciandos dos procedimentos que esses recursos possibilitam, tais como: analisar, explicar, observar sistematicamente, formular questões, discutir, estudar variáveis e verificar, indo muito além de somente corroborar uma teoria que, aliás, é algo difícil de se conseguir no laboratório com uma só prática.

7.2. Exercícios estudando os usos de tecnologias da informação e comunicação

Nos usos de tecnologias da informação e comunicação, concordamos com a proposta de Giordan (2005) de que é necessário pesquisar melhor as interações entre alunos e professores mediadas pelo computador, avaliando suas limitações e possibilidades, e reconhecendo a sala de aula como uma rede dialógica de interações. Portanto, não se trata aqui de recomendar formas de uso, mas de estudar o que acontece em sala de aula quando são propostos modos diferenciados de interação, mediados pelas tecnologias.

A fim de introduzir o tema aos licenciandos, com a intenção de levá-los a analisar diversos tipos de tecnologias da informação e comunicação, sem considerar apenas a ligação das TICs com o computador, elaboramos uma ficha contendo uma lista de recursos tecnológicos com suas respectivas definições no verso da folha. Nessa ficha, os licenciandos deveriam indicar em quais situações educacionais acreditavam que poderia ser utilizado cada recurso. Realidades como: educação a distância (EaD), complemento para educação presencial (trabalho extraclasse), apoio para trabalho em sala de aula com alunos regulares e portadores de necessidades especiais e apoio ao trabalho experimental (visualização de fenômenos e/ou tomada e análises de dados). Os resultados do preenchimento da ficha são apresentados na Tabela 7.2.

Nessa tabela, os números representam a quantidade de licenciandos que indicaram cada opção. Sabendo que foram doze os participantes dessa atividade, podemos observar que algumas opções não foram indicadas ou o foram por apenas um licenciando; outras, por menos de 50% dos licenciandos, e outras, ainda, por mais de 50% dos licenciandos.

Os quadros ressaltados representam os pontos nos quais a maioria dos licenciandos concorda. Porém, nota-se que a tabela ficou quase toda preenchida, indicando que, se aceitarmos que todos os licenciandos estão certos, teríamos que aceitar que todos os recursos tecnológicos apresentados funcionam para todas as realidades educacionais; o que, certamente, não é possível.

Interpretamos esse resultado como evidência de um certo grau de desconhecimento dos licenciandos do que significam algumas dessas tecnologias e das possibilidades reais que têm ao serem utilizadas em processos de ensino. Esse desconhecimento evidenciou-se no momento do preenchimento da ficha, quando, mesmo tendo as definições à mão, muitos licenciandos solicitaram esclarecimentos que lhes permitissem entender melhor em que consistiam alguns desses recursos.

Tabela 7.2 – Lista de tecnologias da informação e comunicação apresentando a quantidade de estudantes que indicam cada recurso como apropriado para cada um dos âmbitos educacionais.

Âmbitos educacionais / Recursos tecnológicos	Educação a distância	Complemento da sala de aula	Apoio para sala de aula presencial			Apoio ao trabalho experimental
			Aluno regular	Portador de necessidades especiais		
				Visual	Auditivo	
Animações	12	9	10	0	6	7
Áudio	12	8	7	11	0	2
Blogs	12	10	4	1	3	2
Câmera fotográfica	4	5	6	0	7	10
Ferramentas Google (docs, groups, academic)	12	11	7	0	4	7
Filmadora	7	6	6	0	8	6
Fórum de discussão	12	10	6	0	4	4
Interfaces (sensores)	1	3	5	2	6	11
Jogos digitais educacionais	11	12	9	1	6	3
Motor de busca	12	10	9	0	7	6
Multimídia	11	10	11	3	8	5
Realidade aumentada	8	7	9	0	7	6
Simulações	12	11	11	0	7	7
Sistemas de administração de cursos	12	9	5	1	4	3
Software de teste on-line	12	11	4	0	3	2
Software matemático interativo	12	11	10	1	6	5
Videoconferências	12	8	5	1	4	2
Vídeos	12	10	7	0	9	6

Fonte: Os autores.

As principais convergências mostram que eles consideram a maioria dos recursos tecnológicos como apropriados para a educação a distância (EaD) e trabalhos extraclasse, que alguns funcionam como apoio à aula regular, e que poucos funcionam para deficientes visuais. Além disso, algumas indicações evidenciam desconhecimento de tecnologias, como:

— a indicação, pela maioria, do áudio como principal recurso para deficientes visuais, desconhecendo que eles também estabelecem comunicação por meio de sua fala, escrita ou sensações táteis auxiliadas por tecnologias;

— a indicação do fórum virtual de discussão como apoio ao desenvolvimento da aula presencial, sendo que sua principal função é resolver o problema da distância entre os participantes, problema que supostamente não se tem na aula regular;

— o fato de que somente cinco dos doze licenciandos consideram o software matemático interativo como apoio ao trabalho experimental, indicando que provavelmente não fizeram uso desse recurso, o qual, na verdade, pode apoiar a aula experimental;

— a expressão de um licenciando no sentido de que ele não entendia nenhuma aplicação da tecnologia chamada de "realidade aumentada".

As indicações feitas pelos licenciandos, em geral, mostram desconhecimento tanto da forma de operar os recursos tecnológicos quanto de como estes podem auxiliar no ensino em diversos ambientes educacionais.

Pensando nessa questão, planejamos os exercícios com uma dinâmica similar à utilizada no exercício anterior. Organizamos o material para desenvolver cinco exercícios práticos relacionados a cinco recursos tecnológicos, sendo eles: (1) audioconto; (2) vídeo; (3) fotografia estroboscópica; (4) software matemático interativo; e (5) software de teste on-line.

Foi elaborado um roteiro de trabalho para cada licenciando, a fim de orientá-los na compreensão dos recursos e na análise das possibilidades de utilização para o ensino de determinados conceitos da Física.

Da mesma forma que no exercício da experimentação, os licenciandos mostraram-se bastante interessados e participativos nessas atividades.

Na sequência, apresentamos as temáticas e as principais conclusões manifestadas pelos licenciandos no momento da socialização de cada um dos grupos:

1. Audioconto

Foi fornecido para o grupo um arquivo digital contendo a gravação em áudio do conto de ficção científica intitulado "A última pergunta", baseado na obra de Asimov (1984). Esse é um conto publicado pela primeira vez em 1956, e cuja história gira em torno de uma questão feita por um dos protagonistas: "será possível reverter a entropia do universo?" O material entregue foi baseado no trabalho de Castiblanco e Vizcaíno (2010).

A fim de envolver os licenciandos não somente no exercício de ouvir o material fornecido (audioconto) e analisar as possibilidades de este ser utilizado no ensino da Física, mas também na forma de produzir esse tipo de material, decidimos complementar a sessão de trabalho com o uso de um software apropriado. Para tanto, selecionamos o software Audacity, cujas características básicas são apresentadas no Quadro 7.1, a fim de possibilitar aos licenciandos uma experiência de gravação e edição de áudio, para possível produção de seu próprio material.

O grupo explorou o material e o considerou um recurso adequado para introduzir o conceito de entropia, especialmente no ensino médio, se fossem desenvolvidas atividades antes, durante e depois da apresentação do conto.

Os licenciandos consideraram necessário preparar o aluno para ampliar a capacidade de análise do acontecido na história do conto, uma vez que envolve o aprendizado do conceito de entropia e também a compreensão da transformação da energia. Esses conceitos precisam ser explicados pelo professor previamente ao exercício com o audioconto, e, também, posteriormente, para ligar os conceitos científicos com as reflexões ou dúvidas que possam surgir nos alunos, não somente com relação à Física, mas também a outros aspectos, como as relações entre a tecnologia e a sociedade.

Alguns licenciandos do grupo mencionaram que conheciam o software, mas que nunca tinham imaginado que poderia ser utilizado para trabalhar em sala de aula e, menos ainda, para apresentar um conto de ficção científica como base para a elaboração de uma metodologia de ensino.

Quadro 7.1 – Informação básica do uso do software Audacity.

— Este é um software *open source* e livre, especializado para edição de áudio.
— Depois de instalar o software e abrir a janela principal, clique no botão vermelho para iniciar a gravação. Será então apresentado um gráfico representativo das formas de ondas com seus respectivos transientes (picos de sinal), sempre em dois canais, dos quais um vai para o auricular esquerdo e o outro para o direito.
— Podem-se gravar várias entradas de som, chamadas de "pistas", as quais podem ser misturadas para produzir, por exemplo, uma música com um cantor e vários instrumentos musicais, ou para produzir uma narração literária com várias vozes.
— Ao selecionar um trecho do gráfico, podem ser produzidos diversos efeitos sobre o som, clicando em "Efeitos" e selecionando, por exemplo, amplificar, repetir, produzir eco, mudar a velocidade etc.
Ir ao começo. Ao início do som ou da música que se vai editar.
Reproduzir. Ao apertar maiúscula, converte-se em Reproduzir ciclicamente.
Gravar. Serve para gravar um som proveniente de um microfone ou um CD.

Fonte: Os autores.

2. Vídeo

Entregamos para esse grupo material digital contendo um vídeo. Nele apresentam-se formas de produzir o som por meio de cordas, sopro e percussão. Visamos levar o grupo a analisar as possibilidades de utilizar esse tipo de material no ensino de conceitos como tom, timbre e intensidade do som, e também ensinar as formas de produção desse tipo de material. O material entregue foi baseado na proposta de Castiblanco, Vizcaíno e Iachel (2010). Na Figura 7.6, apresentamos fotografias retiradas do vídeo mencionado.

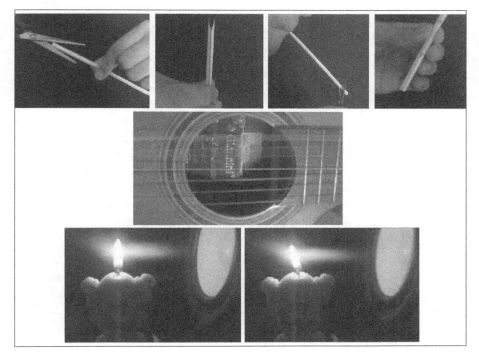

Figura 7.6 – Fotografias retiradas do vídeo, produzindo som por meio de sopro, corda e percussão.
Fonte: Castiblanco; Vizcaíno; Iachel (2010).

A primeira observação do grupo foi a simplicidade do material e a grande funcionalidade na compreensão do fenômeno. Os membros desse grupo reconheceram a validade e a importância desse vídeo para estudar o fenômeno do som, apesar de, no momento de explicarem o significado de tom, timbre e intensidade, terem cometido equívocos.

Eles definiram o conceito de intensidade como dependente da frequência, erro que não foi corrigido por nenhum dos colegas, mas, a partir do mesmo vídeo, foi possível esclarecer o equívoco.

Em geral, reconheceram o material como um ótimo recurso para o ensino, por não necessitar do uso do laboratório para experimentar, pelo menos nesse caso, e a facilidade de observar o fenômeno acontecer várias vezes seguidas, interrompendo em caso de necessidade.

3. Fotografia estroboscópica sem lâmpada

Com esse grupo trabalhamos o uso de câmera de vídeo e softwares livres, como Virtual Dub e ImageJ, para estudar a queda livre dos corpos no conceito de aceleração da gravidade, embasado na proposta de Dias, Amorim e Barros (2009). Na Figura 7.7, observa-se um exemplo de fotografia tirada com esse método.

O grupo produziu várias fotografias estroboscópicas, apresentadas aos colegas para explicar o processo de fotografar e sua respectiva análise. Durante a apresentação, os licenciandos explicaram os critérios que estabeleceram para selecionar as melhores condições de tomada de fotografias, analisando a distância entre a câmera e o objeto, a cor do objeto, a iluminação da sala e a forma de liberar o objeto. Os licenciandos também tomaram decisões para melhorar as condições de tomada da que consideraram sua melhor fotografia e sobre a qual tomaram dados, representaram-nos graficamente e os interpretaram.

Em geral, todos reconheceram esse recurso como muito interessante, que pode auxiliar na compreensão não só da queda dos corpos, mas de diversos fenômenos, auxiliando a experimentação com processos menos complicados para tomada de dados, o que oferece um ganho de tempo, que pode ser aproveitado para análises mais aprofundadas do fenômeno.

Figura 7.7 – Exemplo de fotografia estroboscópica da queda de uma bola, obtida por meio do software
Fonte: Os autores.

4. Software matemático interativo

Nesta atividade, os licenciandos deveriam analisar o comportamento das variáveis ao se modificar os parâmetros do pêndulo simples, por meio do uso do software Geogebra. Essa atividade foi baseada na proposta de Souza et al. (2010). No Gráfico 7.1, observa-se um exemplo de um tipo de gráfico obtido por este método.

O grupo apresentou o conjunto de gráficos que obteve seguindo as indicações do roteiro, descrevendo as equações que permitiram obtê-los, ao colocar dados de comprimento da corda do pêndulo e do ângulo a partir do qual o pêndulo é liberado. Isso permitiu interpretar a forma como se comportam as variáveis amplitude e frequência em diferentes casos.

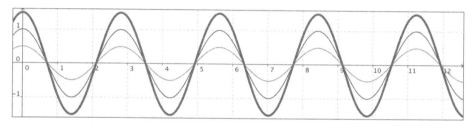

Gráfico 7.1 – Exemplo de gráfico obtido com o software Geogebra, para três pêndulos de igual comprimento e soltos a partir de diferentes ângulos.
Fonte: Os autores.

Além disso, o grupo também apresentou um conjunto de gráficos que obteve como resultado de sua própria iniciativa de interação com as possibilidades de análise que o software oferece, através do qual os licenciandos imaginaram diversos tipos de pêndulos em diversas condições. Em geral, consideraram esse recurso fácil de ser trabalhado e apropriado para estudar o comportamento de pêndulos simples e duplos, ao permitir considerar rapidamente diversas situações experimentais, sendo considerada, como as anteriores, uma ótima ferramenta para o ensino da Física.

5. Software de teste on-line

Para esse grupo foi solicitada a elaboração de um questionário de avaliação on-line, utilizando o software StarQuiz com tipos de questões

Roberto Nardi e Olga Castiblanco

em sete modalidades, relacionado a conceitos de Eletromagnetismo. No Quadro 7.2 apresentamos informações básicas do uso desse software.

O licenciando encarregado de apresentar esse material gerou uma atividade de interação com seus colegas ao elaborar um questionário com sete perguntas que deviam ser respondidas conforme eram propostas. Mas, além da interação relacionada a conceitos de Eletromagnetismo, foram discutidas as vantagens do uso desse recurso em sala de aula, entre elas: facilita o trabalho do professor na avaliação de provas escritas, é um software simples de ser manipulado e orienta diversas formas de propor questões ou problemas para os alunos.

Quadro 7.2 – Informação básica do software Star Quiz

É um software para avaliação on-line que permite elaborar questionários com diversos tipos de perguntas. Os questionários são automaticamente organizados e apresentam as questões em ordem diferente para cada estudante avaliado. Também permite ao estudante conhecer imediatamente o resultado. Depois de aplicados os questionários, o professor pode conhecer os resultados, ora item por item, ora com estatísticas gerais, ora estudante por estudante.

Permite diversos tipos de questões, tais como:
— Múltipla escolha com única resposta certa (*multiple choice*).
— Múltipla escolha com mais de uma resposta certa (*multiple select*).
— Preencher espaço em branco (*fill in the blank*).
— Resposta curta (*short answer*).
— Verdadeiro ou falso (*true or false*).
— Combinação (*matching*).
— Resposta de dado numérico (*numeric*).
— Produção de ensaio (*essay*).
— Questionário de opinião (*survey*).

O questionário pode ser editado com opções como: nome do questionário, autor, senha, instruções, recursos, banco de respostas, tempo-limite, entre outros.

Fonte: Os autores.

Além da aceitação geral da importância do uso dos cinco recursos tecnológicos relacionados anteriormente como fator que dinamiza processos de ensino e aprendizagem da Física, notamos que a aula, em si, deu oportunidade para que os licenciandos expressassem diversos pontos de vista a respeito tanto do que consideram que aprenderam e do que ainda precisam aprender de Física, quanto do uso de tecnologias e perspectivas de ensino. Os licenciandos reconheceram que desenvolver efetivamente a Didática da Física é muito mais do que levar materiais para sala de aula, uma vez que se precisa de preparo específico em cada caso.

7.3. Exercícios estudando o uso de materiais bibliográficos

Foram organizados seis materiais, contendo fotocópias de trechos de livros sobre cinco tipos de recursos bibliográficos, todos tratando do mesmo tema: "movimento". Essa temática foi selecionada por se considerar que, nessa altura da carreira dos licenciandos, o "movimento" é um dos tópicos mais estudados e, supostamente, o mais conhecido de todos. Foram preparados conjuntos de materiais suficientes para serem entregues de forma individual, a fim de que os licenciandos desenvolvessem um roteiro contendo itens como: identificar autor, ano de produção e tipo de material; elaborar um resumo do conteúdo; descrever o grau de concordância com as ideias apresentadas pelos autores, explicando por quê; e descrever e explicar uma proposta de uso desse material para o ensino de "movimento".

Posteriormente, os licenciandos foram agrupados em função do tipo de material que trabalharam, a fim de comparar suas respostas e socializar suas conclusões com todo o grupo. Durante todo o processo, os professores orientaram as discussões aprofundando as análises. Na sequência, apresentam-se os resultados.

1. Uso de texto de divulgação científica

Trabalhamos a partir de um trecho do capítulo "O enigma do movimento", do livro intitulado *A evolução da Física*, de Einstein e Infeld (1943, p.25-9).

Os licenciandos afirmaram que a ideia principal desse trecho é generalizar os conceitos sobre o movimento retilíneo para explicar o movimento curvilíneo, considerando os conceitos de velocidade, variação de velocidade e força. Um dos licenciandos concordou plenamente com as ideias dos autores, afirmando que utilizaria o texto em sala de aula "com o objetivo de instigar os alunos quanto ao tema do movimento [...] não propriamente o livro, mas somente as ideias". Outro disse concordar "parcialmente" alegando que "não utilizaria com os alunos, achei um texto confuso".

Observamos que a ideia principal expressa pelos licenciandos foi praticamente o que estava escrito no primeiro parágrafo do documento, que representa o argumento dos autores com relação à forma como vão desenvolver esse tema, mas que evidencia as dificuldades que tiveram na compreensão do texto, uma vez que não se aprofundaram no "método de generalização", ao qual os autores dão ênfase, e que busca mostrar como, a partir de sistemas idealizados, tiram-se conclusões para ser levadas a sistemas reais.

Nesse caso, pensar em "corpos libertos de influências externas" ajuda na compreensão do que o autor chama de "vetor velocidade" para poder determiná-lo num dado ponto e num dado momento e, com isso, criar argumentos para o estudo dos sistemas reais.

É assim que entendemos a colocação de um dos licenciandos, quando afirma concordar "parcialmente" com o texto do livro de Einstein e Infeld, não como uma descrença sobre os conceitos de Física ali presentes, mas por "achar o texto confuso" para ser utilizado em sala de aula. No entanto, o outro licenciando acha que poderia utilizar as ideias desse material para enriquecer sua maneira de entender o tema e apresentá-lo aos alunos, mas sem utilizar o material propriamente dito.

2. Uso de texto de livro didático (primeiro exercício)

Utilizamos como material a carta de apresentação para os alunos e as páginas 68 e 69, que tratam da introdução ao tema "movimento", do livro didático intitulado *Física*, volume 1, de Pietrocola et al. (2011). Os licenciandos relatam que a ideia principal do autor é "mostrar que o movimento não é inerente somente a nós, mas está também ao nosso redor". Quanto ao grau de concordância, um deles diz que "as ideias [...] são interessantes [...] mas [...] faltam conceitos mais profundos [...] é um pouco confuso". Outro diz que "em partes não concordo [...] pois no início do capítulo o autor diz que o Sol se desloca no céu...". Quanto à proposta de uso, um licenciando afirma que "poderia ser utilizado por meio das sugestões que ele apresenta..." e outro diz que "talvez utilizaria como uma introdução e discutiria com os alunos os erros contidos nele".

Na discussão dessa apresentação, falou-se, por exemplo, da inconveniência de colocar, na carta para o aluno, uma frase como "o que diferencia os desafios do passado dos atuais é que cada vez mais necessitamos de nossas mentes e menos de nossos músculos para superá-los", ideia que, mesmo contextualizada pelos autores, no sentido de ressaltar os modos como o ser humano se comportava na era pré-histórica e no momento atual, pode deixar uma visão de ciência e de fazer ciência como uma questão meramente mental.

Na parte da introdução ao capítulo de movimento, os licenciandos falam em "erros", quando analisam o parágrafo que diz:

> Há muito sabemos que a Lua, o Sol e as estrelas se deslocam no céu. Porém é difícil conseguirmos flagrar o movimento da Lua, pois ele é muito lento. Em contrapartida, vemos facilmente uma formiga se movimentando. Aliás, não é nada difícil presenciar esse fato. Será que a formiga é mais rápida que a Lua? (Pietrocola et al., 2011.)

Reconhece-se o trecho citado como uma ideia que propõe levar o aluno a pensar no movimento relativo, por meio de comparações entre os deslocamentos e tempos empregados por objetos de diferentes tamanhos. Porém, a ausência de um professor que acompanhe o sentido e a interpretação dessas palavras pode deixar no aluno concepções equivocadas, por exemplo, que o Sol é que se desloca em relação à Terra, independente do ponto de referência, ou que as causas do movimento da formiga são as mesmas do movimento da Lua, mesmo sendo um ser vivo e o outro inanimado.

O mesmo acontece quando os autores ilustram a definição de tempo e movimento a partir de um conto de ficção que, mesmo sendo uma história inventada para criar um contexto ao debate, não convence os licenciandos.

Esses criticam o fato de de que o conto pode "infantilizar" os conceitos ao representar o espaço e o tempo como dois personagens com olhos, boca e nariz, com o "senhor espaço" tendo asas e o "senhor tempo" um relógio de areia na mão. Refletiu-se sobre o fato de que esse tipo de representação não garante maior compreensão do fenômeno, além de trazer implícitas definições absolutas de espaço e tempo.

Em geral, concluiu-se que o uso do livro didático é útil na medida em que o professor o estude e analise previamente, a fim de adequá-lo às suas necessidades e também a fim de orientar a sua leitura; mas que, infelizmente, muitas vezes o material é consultado pelo estudante sem orientação nenhuma, só com o objetivo de encontrar informações para resolver alguma tarefa. Essas reflexões todas demonstram um posicionamento crítico por parte dos licenciandos.

3. Uso do livro didático (segundo exercício)

Utilizamos como material a carta de apresentação dos autores para os alunos e as páginas 47 e 48 do item intitulado "Conceitos básicos" da unidade "Cinemática escalar", do livro *Física*, volume 1, de Xavier e Benigno (2010).

Os licenciandos afirmaram que a ideia principal desse trecho é "abordar as ideias de movimento com exemplos presentes no cotidiano do aluno, e a necessidade de adotarmos um referencial inercial". Eles concordam com as ideias apresentadas, mas fazem ressalvas à proposta de uso, afirmando que "não utilizaria como único material [...] achei muito incompleto [...] Entretanto, gostei bastante das ideias e exemplos que o livro aborda", e que "pela falta de conceito há a necessidade de uma abordagem em conjunto com outros materiais".

Interpretamos as opiniões de "falta de conceito" e "incompleto" como uma crítica que se faz à quantidade de conteúdos, dado que nessas duas páginas são tratados os conceitos de referencial, repouso, movimento e ponto material. São dados exemplos para mostrar que o estado de movimento ou de repouso somente pode ser definido ao se estabelecer um referencial e que se precisa comparar as dimensões do corpo que se move com as dimensões em que ocorre o fenômeno, o que leva à necessidade, em certos casos, de representar o objeto como um ponto material.

Embora os licenciandos considerem os exemplos interessantes, o livro é criticado pela carência de esclarecimentos sobre as possibilidades de compreensão dos conceitos, e pelo fato de colocar os exemplos e descrevê-los para chegar à conclusão e passar em seguida aos exemplos de problemas teóricos e sua solução, assumindo que o leitor entendeu tudo. Ou seja, eles consideram que o material precisa ser acompanhado de explicações, considerações sobre as concepções prévias dos alunos e, em geral, outros materiais e atividades que orientem um processo de construção dos conceitos. Percebemos na participação dos licenciandos, novamente, um posicionamento crítico do que significa ensinar Física.

4. Uso de textos de resultado de pesquisa em Ensino de Física

Utilizamos como material um trecho do livro de Viennot *Reasoning in Physics* (2004, p.49-50), que apresenta o questionário aplicado pela autora a estudantes universitários sobre ideias de movimento e os resultados e interpretação das respostas que ela obteve em sua pesquisa. Foi pedido que os licenciandos o lessem e, como ocorreu com os materiais anteriores, apresentassem a ideia principal do texto e expressassem seu nível de concordância com o exposto pela autora.

Os licenciandos expressaram que a ideia principal do texto é "mostrar como determinar os pré-conceitos sobre a relatividade de Galileu e analisar os resultados, por meio de três exercícios apresentados aos estudantes". Os dois licenciandos expositores concordaram com as ideias apresentadas, e disseram que pode ser utilizado "de forma a desenvolver a discussão em sala de aula" aplicando o mesmo questionário aos alunos ou "como introdução de uma aula sobre a relatividade de Galileu". Eles aproveitariam as conclusões da autora para gerar situações-problema com seus alunos.

Esse material apresenta três exercícios que buscam levar o aluno a pensar na ideia de que a velocidade de um objeto tem variações *aparentes*, dependendo do observador, procurando demonstrar esse conceito aos alunos por meio do raciocínio. Também mostra como há uma tendência dos alunos a rejeitar certos aspectos da relatividade de Galileu, ao considerar que o movimento *aparente* não é real e, portanto, pode ser desconsiderado.

Roberto Nardi e Olga Castiblanco

A discussão neste tópico girou em torno das formas de se detectar concepções prévias que, a partir deste trabalho, implica ter amplo conhecimento do tema para colocar os alunos em situações que os obriguem a ir além de respostas rápidas e simples. Também se discutiu o modo de tratar os resultados de pesquisa em Ensino de Física, o qual não deveria replicar o que os pesquisadores fizeram, mas utilizar os resultados como fonte em suas propostas metodológicas.

5. Uso de texto de enciclopédia virtual

Utilizamos como material algumas definições apresentadas pela Wikipédia a respeito do "movimento", as quais são complementadas nessa página web com uma definição de "estudo do movimento" e com "notas históricas" que descrevem a definição de movimento segundo Aristóteles, Galileu e Newton, finalizando com a definição das três leis de Newton.

Os três integrantes do grupo entenderam que a ideia principal desse texto é "definir o movimento como a variação de posição espacial de um objeto ou ponto material no decorrer do tempo [...] Apresentar que o movimento estuda-se em três blocos; Cinemática, Dinâmica e Estática [...] e oferecer informações sobre diferentes definições na História da Física desde a Antiguidade até Newton". Um licenciando disse que concorda com essa definição "porque sua explicação sobre o movimento está de acordo com o que é cientificamente aceito, mas que o texto tem erros ortográficos". Outro diz: "concordo em partes, mas no geral não concordo". E um terceiro concorda parcialmente: "tem muita informação e não deu tempo de analisar em detalhes, por exemplo, para analisar a veracidade dos dados que este coloca sobre a História e a Filosofia da Física".

Com relação às propostas de uso do texto no Ensino da Física, os três concordam que poderia ser um material de apoio. Um deles afirma que o utilizaria "juntamente com outros livros didáticos, como introdução ao estudo da Cinemática, Dinâmica ou Estática, e apresentando os conceitos na lousa, dando exemplos de movimento e depois fazendo perguntas aos alunos para descobrir o nível de entendimento deles". Outro diz que o utilizaria "se os alunos já estiverem com os conteúdos fixados, e pediria para eles procurarem os termos que não são usuais no contexto científico". E o terceiro diz que, "caso for utilizar o texto para introduzir o assunto da Mecânica, eu, como professor, iria fazer alguns ajustes, corrigindo termos, melhorando o texto".

Na discussão com o grupo considerou-se que, embora esse seja um material não completamente confiável, apresentando até erros ortográficos, ao ser elaborado por todos que quiserem opinar, ele é, sem dúvida, uma fonte de consulta para alunos e também professores. Alguns licenciandos chegaram até a reconhecer a Wikipédia como uma fonte útil para o professor revisar rapidamente os conteúdos que iria trabalhar em uma metodologia de ensino.

Portanto, acharam interessante considerar esse material como uma fonte bibliográfica a ser consultada na internet, uma vez que muitos alunos e professores o utilizam para pesquisas sem qualquer critério de escolha; em consequência, optam por acessar o que encontram primeiro, independentemente da qualidade das informações e conteúdos.

6. Uso de textos de resultado de pesquisa em Física

Utilizamos como material o prefácio do livro de Heinrich Hertz intitulado *Principles of Mechanics* (1899), e foi pedido para esse grupo o mesmo exercício dos anteriores.

Os licenciandos expressaram que "o principal problema do autor é contribuir para a definição do que é entendido por 'Mecânica'". Um dos licenciandos concorda, "Sim", e outro diz, "Claro!", com comentários insinuando que não é possível discordar de uma autoridade da Física como Heinrich Hertz. Um dos licenciandos propõe utilizá-lo "de uma forma introdutória [...] para se ter um conhecimento melhor de como se geraram as coisas", e o outro, "não de forma introdutória, mas como fonte de leitura e reflexão".

Notamos que consideraram interessante e inovadora a leitura de material produzido por um nome importante da Física, embora a linguagem dificulte um pouco a compreensão, já que a forma de expressar ideias no final do século XIX era bem diferente da atual. Mas concordaram que é um material que os leva a pensar sobre a forma como eles definem a Mecânica e quais os problemas que tinham os físicos naquela época, que permitiram avançar na constituição de novas teorias, com dilemas como o colocado por Hertz no sentido de "apresentar a Mecânica de uma forma completa, sem ser tão restrita, que deixe de abarcar alguns movimentos não naturais, nem tão ampla, que acabe admitindo o 'não movimento'".

Os licenciandos consideraram interessante o fato de conhecerem a produção de Hertz, principalmente no campo de Eletromagnetismo, mas não na Mecânica, que é o mais comum, e ainda se apoiando em outros cientistas, como Von Helmholtz, Hamilton, J. J. Thomson, Mach e outros que estudam a Mecânica com produções a partir da Matemática, Filosofia e Epistemologia.

Para aprofundar na interpretação dos seis exercícios sobre o uso de diferentes tipos de material bibliográfico, decidimos listar possíveis usos desse material, desconsiderando seus tipos. A lista elaborada foi a seguinte:

- De forma introdutória para abordar o tema.
- De forma introdutória para conhecer a história do conceito.
- Como fonte de leitura e reflexão.
- Como apoio junto com outros materiais.
- Como apoio, melhorando o texto.
- Para utilizar as sugestões que apresenta.
- Para discutir os erros nele contidos.
- Para usar as ideias a fim de instigar os alunos no tema.
- Para gerar discussões em sala de aula.

Essa lista apresenta um panorama das opiniões dos licenciandos sobre os usos de materiais bibliográficos. Nota-se que, se consideradas todas as possibilidades para cada um dos materiais, implicaria um uso extenso, muito além do simples apoio para atividades de leitura em sala de aula ou para a procura por tarefas pontuais. Percebe-se que há uma diversidade de possibilidades para o uso de material bibliográfico em intervenções na sala de aula, dado que oportunizam a criação de atividades de reflexão e análise, tanto para o professor se preparar antes de ir para a sala de aula, quanto para desenvolver atividades com diferentes níveis de complexidade, de linguagens, sequências, aprofundamento de tópicos, dentre outros aspectos.

Finalmente, apresentamos no Quadro 7.3 a síntese dos conteúdos, metodologia geral de interação em sala de aula e modalidades de registro de material para ser avaliado, nos diferentes exercícios propostos, para levar à prática a *dimensão de interação*.

Quadro 7.3 – Síntese de conteúdos, metodologias e registro de avaliação nos exercícios da dimensão de interação.

Conteúdos	Metodologia	Registro de avaliação
O experimento de pensamento/ O experimento demonstrativo/ O experimento virtual/ O experimento como comprovação da teoria/ O experimento caseiro e sua montagem.	Dinâmicas; *trabalho experimental, coavaliação,* a partir do desenvolvimento de cinco tipos de experimentos.	Roteiro de desenvolvimento da prática experimental. Avaliação dos colegas sobre a apresentação (ficha de coavaliação).
Classificação de TICs/ audioconto/ Vídeo experimental/ Fotografia estroboscópica sem lâmpada/ Software educativo para tratamento de variáveis e parâmetros/ Questionário de avaliação on-line.	Dinâmicas; *trabalho interativo com tecnologias, coavaliação,* a partir da interação prática com cinco tipos de TICs.	Preenchimento da ficha de recursos tecnológicos em contextos educativos. Avaliação dos colegas sobre a apresentação do material de ensino (ficha de coavaliação).
Diversos recursos bibliográficos tratando o movimento: livro didático, resultado de pesquisa em Ensino de Física e em Física, divulgação científica e enciclopédia virtual.	Dinâmicas; *leitura e análise bibliográfica, coavaliação,* a partir de quatro tipos de material bibliográfico.	Roteiro de análise da leitura. Apresentação oral do exercício desenvolvido em sala de aula (ficha de coavaliação).
Retroalimentação de resultados de avaliação. Revisão e análise dos diferentes tópicos trabalhados nas três aulas anteriores.	Dinâmicas; retroalimentação, prova escrita, avaliação do curso.	Prova escrita. Opinião escrita.

7.4. Referenciais sugeridos como base para gerar novos exercícios

BASTOS, F. et al. Educação mediada por tecnologias educacionais livres: diálogo problematizador necessário à formação de professores no âmbito da Universidade Aberta do Brasil. *Interação* (UFG. Impresso), v.35, p.293-304, 2010.

BORGES, A. T.; BORGES, O.; VAZ, A. Os planos dos estudantes para resolver problemas práticos. *Revista Brasileira de Ensino de Física*, São Paulo, v.27, n.3, p.435-46, 2005.

BORGES, A. T. GOMES, A. Percepção dos estudantes sobre o desenho de testes experimentais. *Caderno Brasileiro de Ensino de Física*, Florianópolis, v.22, n.1, p.72-95, 2005.

BOSSLER, A.P. et al. Estudo das vozes de alunos quando estão envolvidos em atividades de investigação em aulas de Física. *Ensaio. Pesquisa em Educação em Ciências*, v.11, p.307-19, 2009.

CAMILETTI, G.; FERRACIOLI, L. A utilização da modelagem computacional quantitativa no aprendizado exploratório de Física. *Caderno Catarinense de Ensino de Física*, Florianópolis, v.18, n.2, p.214-27, out. 2001.

CARMO, A.; CARVALHO, A. M. P. Construindo a linguagem gráfica em uma aula experimental de Física. *Ciência & Educação*, Bauru, v.15, n.1, p.61-84, 2009.

CUSTÓDIO, J. F.; PIETROCOLA, M. Princípios nas ciências empíricas e o seu tratamento em livros didáticos. *Ciência & Educação*, Bauru, v.10, n.3, p.383-99, 2004.

DIAS, R. H. A.; ALMEIDA, M. J. P. M. Especificidades do jornalismo científico na leitura de textos de divulgação científica por estudantes de licenciatura em Física. *Revista Brasileira de Ensino de Física*, v.31, p.4401-12, 2009. [on-line]

_____. A repetição em interpretações de licenciandos em Física ao lerem as revistas Ciência Hoje e Pesquisa Fapesp. *Ensaio: Pesquisa em Educação em Ciências* (Impresso), v.12, n.1, p.51-64, 2010.

FERRACIOLI, L.; CAMILETTI, G. A utilização da modelagem computacional semiquantitativa no estudo do sistema massa-mola. *Revista Brasileira de Ensino de Física*, São Paulo, v.24, n.2, p.110-23, 2002.

FERRACIOLI, L.; RAMPINELLI, M. A integração de um ambiente de modelagem computacional quantitativo no estudo do fenômeno de colisões. *Caderno Brasileiro de Ensino de Física*, Florianópolis, v.23, n.1, p.93-122, 2006.

FRANZONI, G.; LABURÚ, C. E.; SILVA, O. O desenho como mediador representacional entre o experimento e esquema de circuitos elétricos. *Revista Electrónica de Investigación en Educación en Ciencias*, v.6, p.33-42, 2011. [on-line.]

GALVEZ, E. J. et al. Interference with Correlated Photons: Five Quantum Mechanics Experiments for Undergraduates. *American Journal of Physics*, v.73, n.2, p.127-40, 2005.

GILMORE, R. *Alice no país do quantum*. Rio de Janeiro: Jorge Zahar, 1998. GOMES, T.; FERRACIOLI, L. A investigação da construção de modelos no estudo de um tópico de Física utilizando um ambiente de modelagem computacional qualitativo. *Revista Brasileira de Ensino de Física*, v.28, n.1, p.1-9, 2006.

LABURÚ, C. E.; BARROS, M. Problemas com a compreensão de estudantes em medição: razões para a formação do paradigma pontual. *Investigações em Ensino de Ciências*, v.14, n.2, p.151-62, 2009. [on-line]

LABURÚ, C. E.; BARROS, M.; KANBACH, B. A relação com o saber profissional do professor de Física e o fracasso da implementação de atividades experimentais no ensino médio. *Investigações em Ensino de Ciências*, v,12, n.3, p, 305-320, 2007. [on-line.]

LABURÚ, C. E.; SILVA, O. O laboratório didático a partir da perspectiva da multimodalidade representacional. *Ciência & Educação*, Bauru, v.17, n.3, p.721-34, 2011.

LABURÚ, C. E.; SILVA, O.; SALES, D. R. Superações conceituais de estudantes do ensino médio em medição a partir de questionamentos de uma situação experimental problemática. *Revista Brasileira de Ensino de Física*, v.32, n.1, p.1402-15, 2010.

MACHADO, D. I.; NARDI, R. Construção e validação de um sistema hipermídia para o ensino de Física moderna. *REEC. Revista Electrónica de Enseñanza de las Ciencias*, v.6, n.1, p.90-116, 2007.

MARINELI, F.; PACCA, J. L. A. Uma interpretação para dificuldades enfrentadas pelos estudantes em um laboratório didático de Física. *Revista Brasileira de Ensino de Física*, v.28, n.4, p.497-505, 2006.

MARTINS, A. F. P.; PACCA, J. L. A. O conceito de tempo entre estudantes do ensino fundamental e médio: uma análise à luz da epistemologia de Gaston Bachelard. *Investigações em Ensino de Ciências*, Porto Alegre, v.10, n.3, p.1-34, 2005. [on-line]

MARTINS, A. F. P.; ZANETIC, J. O tempo na Mecânica: de coadjuvante a protagonista. *Caderno Brasileiro de Ensino de Física*, Florianópolis, v.19, n.2, p.149-75, 2002.

MARTINS, R. A.; SILVA, C. C. Newton and Colour: the Complex Interplay of Theory and Experiment. *Science & Education*, Dordrecht, v.10, n.3, p.287-305, 2001.

MATTOS, C. R.; DRUMOND, A. V. N. Sensação térmica: uma abordagem interdisciplinar. *Caderno Catarinense de Ensino de Física*, Florianópolis, v.21, n.1, p.9-36, 2004.

MATTOS, C. R.; GASPAR, A. Uma medida dinâmica do calor específico. *Revista Brasileira de Ensino de Física*, São Paulo, v.25, n.1, p.45-8, 2003.

NASCIMENTO, S. S.; VILLANI, C. E. P. Le Rôle des données empirique lors des travaux pratiques au Lycée. *Aster*, Paris, v.38, p.65-85, 2004.

NICIOLI JUNIOR, R. B.; MATTOS, C. R. A disciplina e o conteúdo de Cinemática nos livros didáticos de Física do Brasil (1801 a 1930). *Investigações em Ensino de Ciências*, v.13, n.3, p.275-98, 2008. [on-line]

ORTIZ, A. J.; LABURÚ, C. E.; SILVA, O. H. M. Proposta simples para o experimento de espalhamento Raylegh. *Caderno Brasileiro de Ensino de Física*, Florianópolis, v.27, n.3, p.599-608, 2010.

OSTERMANN, F.; CAVALCANTI, C. J. H.; PRADO, S. D.; RICCI, T. S. F. Fundamentos da Física Quântica à luz de um interferômetro virtual de Mach-Zehnder. *REEC. Revista Electrónica de Enseñanza de las Ciencias*, v.8, n.3, p.1094-116, 2009.

OSTERMANN, F.; PRADO, S. D.; RICCI, T. Investigando a aprendizagem de professores de Física do ensino médio acerca do fenômeno de interferência quântica. *Ciência & Educação*, Bauru, v.14, n.1, p.35-54, 2008.

_____. Desenvolvimento de software para o ensino de fundamentos de Física Quântica. *A Física na Escola*, v.7, n.1, p.22-5, 2006.

OSTERMANN, F.; RICCI, T. Conceitos de Física Quântica na formação de professores: relato de uma experiência didática centrada no uso de experimentos virtuais. *Caderno Catarinense de Ensino de Física*, Florianópolis, v.22, n.1, p.9-35, 2005.

_____. Relatividade restrita no ensino médio: contração de Lorentz-FitzGerald e aparência visual de objetos relativísticos em livros didáticos de Física. *Caderno Brasileiro de Ensino de Física*, Florianópolis, v.19, n.2, p.176-90, ago. 2002.

RICCI, T. F.; OSTERMANN, F.; PRADO, S. D. O tratamento clássico do interferômetro de Mach-Zehnder: uma releitura mais moderna do experimento da fenda dupla na introdução da Física Quântica. *Revista Brasileira de Ensino de Física*, v.29, n.1, p.81-90, 2007.

SANTOS A. C. K.; SAMPAIO, F. F.; FERRACIOLI, L. Um experimento de modelagem dinâmica semiquantitativa com a utilização da técnica dos hexágonos. *Revista Brasileira de Informática na Educação*, v.7, n.1, p.21-35, 2001.

SILVA, C. C.; PIMENTEL, A. C. A. S. Uma análise da história da eletricidade presente em livros didáticos: o caso de Benjamin Franklin. *Caderno Brasileiro de Ensino de Física*, Florianópolis, v.25, n.1, p.141-59, 2008.

SILVA, H. C.; ALMEIDA, M. J. P. M. O deslocamento de aspectos do funcionamento do discurso pedagógico pela leitura de textos de divulgação científica em aulas de Física. *REEC. Revista Electrónica de Enseñanza de las Ciencias*, Barcelona, v.4, n.3, p.1-25, 2005.

SILVA, O. H. M.; LABURÚ, C. E. Um marcador de tempo para estudos de movimentos em Cinemática: um aprimoramento de versões anteriores. *Semina. Ciências Exatas e Tecnológicas*, v.30, n.2, p.99-106, 2009.

SOUZA, C. A.; BASTOS, F.; ANGOTTI, J. A. P. Resolução de problemas de Física mediada por tecnologias. *Caderno Brasileiro de Ensino de Física*, Florianópolis, v.25, n.2, p.310-39, 2008.

CONSIDERAÇÕES FINAIS

Lembrando que o principal propósito deste livro é aprofundar a compreensão da natureza da Didática da Física como disciplina, podemos dizer que, para alcançar tal intento, consideramos dois fatores conjugados: o primeiro é uma estrutura que permita organizar objetivos, conteúdos e metodologias a fim de garantir coerência entre o que se faz em sala de aula e o que se pretende ensinar; o segundo é a consideração de resultados de pesquisa da área, selecionados com o critério de apresentar inter-relação entre diversos campos disciplinares para resolver problemáticas de Ensino de Física.

Essa perspectiva procurou ampliar não somente a compreensão da natureza desse campo, mas também as possibilidades de melhorar as práticas de ensino e educação para o ensino. Esperamos ter possibilitado à comunidade acadêmica um recurso que pode ser entendido tanto como subsídio para refletir a coerência da formação para o ensino nos cursos de licenciatura, quanto como sugestão para organizar outros cursos, ou conjuntos de disciplinas, em outras realidades educacionais. Também pode ser utilizado para repensar disciplinas associadas à Didática da Física ou disciplinas inseridas nas estruturas curriculares que objetivem formar para o ensino.

Quanto às estratégias para selecionar resultados de pesquisas da área, concluímos que as três dimensões que fundamentam a estrutura desta proposta conseguiram, com êxito, promover espaços de inter-relação de diversos campos disciplinares em torno de problemáticas que devem ser trabalhadas no Ensino da Didática da Física. Ao mesmo tempo, podemos dizer que o ensino da Didática, seguindo a sequência proposta nas três dimensões de forma gradativa e cada vez mais aprofundada, permite a formação do professor em habilidades e conhecimentos específicos para seu exercício profissional.

Com relação aos resultados do trabalho nas três dimensões – *física*, *sociocultural* e *técnica* –, observamos que:

— Com o trabalho na *dimensão disciplinar* foi possível levar os licenciandos a aguçar o senso crítico, revendo suas próprias concepções, tanto da Física quanto do Ensino de Física, por meio de exercícios metacognitivos que lhes permitiram analisar aspectos como: a função da experimentação na construção de suas explicações, o significado de "observar" um fenômeno físico, a importância de análises aprofundadas da História, Filosofia e Epistemologia da Ciência para superar visões ingênuas e para (re) construir seus conhecimentos.

— Com o trabalho na *dimensão sociocultural* foi possível gerar inquietações a respeito de como resolver os problemas de adequação dos conteúdos e das metodologias de ensino para diversas situações e realidades educacionais, o que demanda a inter-relação de diversos saberes disciplinares, indo além de simplesmente esperar que os licenciandos aprendam a ensinar só com base na prática docente. Também é possível ampliar a panorâmica de opções de trabalho em sala de aula e, simultaneamente, orientar os licenciandos para reorganizarem seus conhecimentos de Física ao serem chamados a pensar o ensino dessa disciplina para diferentes objetivos, níveis e realidades.

— Com o trabalho na *dimensão de interação* foi possível chamar a atenção para a superação da visão ingênua de que a utilização de recursos de apoio em sala de aula é garantia de solução para diversos problemas de ensino, ou que é o único objetivo da Didática da Física. Pode-se aprofundar o conhecimento de recursos tecnológicos, bibliográficos e de laboratório de maneira integrada aos domínios do conteúdo específico da Física e às formas de interação em sala de aula a fim de atingir os objetivos educacionais propostos.

Embasamos as afirmações anteriores em evidências que nos permitem concluir que conseguimos alertar os licenciandos sobre a função da interdisciplinaridade no campo da Didática da Física, sabendo que não se trata de os professores se tornarem especialistas em conteúdos disciplinares de Psicologia, Sociologia, Epistemologia, História, Filosofia, Linguagem etc. Trata-se de entender as possibilidades de contribuições de outros campos disciplinares para o tratamento dos conteúdos da Física em sala de aula, tendo como pano de fundo os resultados de pesquisas na área.

Ao caracterizar conteúdos para o Ensino da Didática da Física foi possível superar a visão de que se trata de um conjunto de técnicas e ferramentas que auxiliam as atividades em sala de aula, uma vez que decidir o tipo de atividades e planejá-las, tanto em sua forma quanto em seu conteúdo, exige conhecimentos do Ensino de Física que vão além do uso simples e ingênuo de recursos.

Por outro lado, acreditamos que a ordem proposta para articular os conteúdos – começando pela dimensão disciplinar, passando pela dimensão sociocultural e finalizando com a dimensão de interação – tem uma lógica que procurou mostrar aos licenciandos um caminho de aprofundamento na compreensão integral: do que sabem sobre a Física, ao pensar em ensiná-la; do que conhecem da Física, posta em diversas realidades educacionais; e das possibilidades de enriquecimento de sua prática para responder a determinados objetivos.

Entendemos que, se os conteúdos do curso aqui proposto fossem trabalhados em outra sequência, os licenciandos poderiam tirar menos proveito, por exemplo, das atividades da dimensão de interação, uma vez que sua capacidade de análise e crítica a respeito das potencialidades desses recursos poderia ser diminuída, por não ter tomado consciência da necessidade de maior compreensão da Física e das interações em sala de aula, além de reforçar uma ideia instrumentalista da Didática da Física.

No processo de desenvolvimento prático dessa proposta, fomos compreendendo que as aulas de Didática da Física na formação inicial de professores não devem ser para ensinar Física, nem para ensinar receitas de como ensinar a Física, mas para orientar os licenciandos na consolidação de conhecimentos que lhes permitam gerar suas próprias estratégias de ensino de Física. Isso coloca um desafio seja para o tipo de conteúdo a ser ensinado e de metodologias a serem utilizadas em sala de aula, seja para o aperfeiçoamento do nosso discurso em relação à Didática da Física.

Podemos dizer que o principal obstáculo ao desenvolver as atividades planejadas neste curso foi a resistência dos licenciandos em aceitar as estratégias propostas, que procuraram fugir do ensino tradicional, adotando a avaliação permanente, sistema diferente dos que os licenciandos estão acostumados, ou seja, as temidas provas escritas, em apenas dois ou três momentos durante o semestre.

Interessante observar que, em contramão, os licenciandos apresentaram resistência à avaliação em forma de prova escrita nesse tipo de disciplina, uma vez que não estão acostumados com produções que lhes exijam demonstrar seus conhecimentos das interpretações de resultados de pesquisas da área nem inter-relações de conhecimentos para resolver problemas de ensino.

Mesmo assim, podemos concluir que houve uma evolução nas concepções dos licenciandos sobre a Didática da Física, uma vez que, ao longo do curso, notamos que esses foram se interessando cada vez mais em se aprofundar na análise crítica dos tópicos estudados. Por exemplo, no começo do curso, a maioria definiu a Didática da Física como um conjunto de ferramentas que auxiliam o ensino, considerando o uso da História e da Filosofia da Física como recursos para "cativar" os alunos; porém, vimos que essa concepção foi mudando paulatinamente a ponto de perceberem que a História, a Epistemologia e a Filosofia os auxiliam efetivamente a compreender melhor o que ensinam, o que, por sua vez, facilita o planejamento de estratégias de ensino.

Outro exemplo refere-se à percepção dos usos da experimentação. No começo, foi quase óbvio para todos que o principal objetivo de seu uso no ensino era "motivar" o aluno ou comprovar uma teoria "observando" o que ocorre nos fenômenos. Mas, no final, os licenciandos reconheceram a riqueza de possibilidades que o uso da experimentação proporciona ao ensino e à aprendizagem, tomando consciência de que inserir recursos de apoio em sala de aula necessita de preparo específico e prévio do professor, simultâneo e posterior à sua inserção. Os licenciandos tiveram opinião semelhante sobre o uso de materiais bibliográficos, considerando que esses materiais devem ser utilizados em sala de aula através de discussões, considerações sobre as concepções prévias dos alunos e outras atividades que orientem um processo de construção de conceitos.

Outro aspecto que conseguimos trabalhar com os licenciandos foi a tomada de posição perante a chamada "transposição didática". Inicialmente, detectamos que havia equívocos em sua definição por parte dos licenciandos, que, em geral, a entendiam como o uso de recursos em sala de aula ou a maneira de ensinar. Pouco a pouco, foi se discutindo esse conceito, visando a compreender a função do professor ao discutir a questão da transposição didática e as diversas interpretações que essa expressão pode ter em relação ao significado de ensinar e aprender ciências, ou visões de natureza da ciência que estão por trás de uma transposição.

Orientamos os licenciandos para que compreendessem que não existem métodos fixos nem regras para desenvolver a "transposição didática", portanto, que não é possível ensiná-la como conteúdo. O que seria "ensinável" são as formas de construir critérios para o planejamento e desenvolvimento de transposições didáticas, que vai muito além da ideia de "passar" conteúdos aos alunos.

No começo do curso, os licenciandos entendiam que a função da Didática da Física era sobretudo "passar" os conteúdos de forma eficiente. Aos poucos, o termo "passar" foi sendo motivo de reflexões e críticas, à medida que foram reconhecendo a complexidade da função docente, como expressaram na avaliação do final do curso.

Podemos dizer que os licenciandos construíram posicionamentos a respeito das possibilidades reais para se distanciar de forma consciente do que se tem chamado de "ensino tradicional", refletindo sobre todas as variáveis envolvidas nesse processo, como: as dinâmicas de interação em sala de aula, o (re)conhecimento do que vai ser ensinado, a construção coletiva dos conhecimentos por parte dos alunos e por meio da interação entre aluno e professor e a importância do planejamento das aulas para se atingir determinados objetivos.

Outro aspecto que gostaríamos de destacar é o domínio de conteúdo dos licenciandos, já que foram encontradas evidências de diversas lacunas em seus conhecimentos, tanto sobre a Física quanto sobre o Ensino de Física. Apesar de possuírem certo domínio dos tópicos essenciais, apresentam lacunas ao fundamentar suas explicações e/ou suas ações quando são tratados problemas específicos do ensino. Nesse aspecto, alguns licenciandos disseram ter tomado consciência de suas lacunas e aprendido com seus erros, mas também identificaram os tópicos nos quais consideram ter domínio, o que entendemos como um passo fundamental para resolver lacunas e fortalecer a identidade com a profissão de ensinar Física.

Também gostaríamos de salientar que entendemos que os resultados decorrem do fato de que os licenciandos estão apenas em um estágio de suas carreiras profissionais e ainda têm muitas coisas a aprender nesse campo. Também nós, enquanto professores e pesquisadores, ainda temos muito a desenvolver no aprofundamento da compreensão dessa área, assim como em questões sobre a avaliação desse tipo de disciplina, que se mostrou um dos aspectos mais conflitantes no desenvolvimento do curso. Isso porque para os licenciandos é problemático avaliar a aprendizagem de conteúdos da Didática da Física, que exige domínio em conteúdos, além da complexidade que envolve chegar a acordos de como avaliar a participação nas atividades em sala de aula.

Para finalizar, podemos dizer que, ao longo da pesquisa, constatamos vários aspectos que não estão no centro de nosso problema, mas que merecem destaque porque deles depende em grande parte a compreensão da realidade da formação inicial de professores no campo da educação para o ensino:

— É necessário melhorar o domínio dos conteúdos de Física dos licenciandos, já que foi quase uma constante em todas as atividades desenvolvidas a percepção de lacunas e conflitos que esses apresentaram sobre os conteúdos ao serem exigidos a explicar fenômenos físicos. Essa é uma questão derivada desta pesquisa: quais os motivos de estar ocorrendo este fenômeno numa etapa da formação que esses problemas deveriam estar superados?

— Embora na pesquisa da área, especialmente durante as últimas décadas, tenha-se discutido bastante a pesquisa e seu impacto na solução das problemáticas da formação inicial de professores, as questões da caracterização da Didática da Física, do exercício profissional do professor universitário e do professor de educação básica, tanto quanto os referenciais que fundamentam a área de Ensino de Ciências, entre outros, ainda precisam de aprofundamento.

— Verificamos que existe concordância entre os resultados apresentados por Nardi (2005) e Nardi e Almeida (2007) e os de nossa revisão bibliográfica, tanto na literatura internacional quanto na produção de pesquisadores brasileiros, no sentido de que, no Brasil, a área de Ensino de Ciências é um campo de conhecimento que decorre da existência de uma história e de uma série de preocupações comuns entre pesquisadores, mas não de uma organização de um paradigma hegemônico e, portanto, não há unanimidade nos critérios que orientem a pesquisa, ou a formação de professores na área.

— Constatamos também, nos estudos preliminares ao planejamento do curso, que a função da Didática da Física nas estruturas curriculares tem diversas interpretações, sendo algumas vezes entendida como um conjunto de recursos de apoio para sala de aula (informática, instrumentação, lousa digital etc.). O uso da "transposição didática" também apresenta contradição, uma vez que, para alguns, o objetivo da transposição se faz tomando a Física como fim e, para outros, tomando-a como meio. Essa diversidade de interpretações, bem como o caráter heterogêneo da pesquisa na área de Ensino de Ciências tembém ocorre em seu ensino e nos critérios para organizar as estruturas curriculares. Essa heterogeneidade é produtiva na medida em que podem convergir diversas perspectivas na solução dos mesmos problemas, mas é problemática quando, por falta de consenso, não é possível avançar em transformações verdadeiras e eficientes na formação de professores.

— Identificamos que a função da Didática da Física, entendida a partir da caracterização encontrada na literatura, concorda com a função que cumprem as disciplinas de Metodologia e Prática de Ensino nos currículos de Licenciatura em Física do contexto brasileiro, as quais se propõem, em teoria, a ser um eixo articulador entre os conhecimentos da Física e os conhecimentos das Ciências da Educação, Pedagogia e Didática Geral.

- Entretanto, na prática, essas disciplinas são desenvolvidas a partir de perspectivas diferenciadas para cada instituição de educação superior.
- Constatamos que conseguir mudanças na forma de entender o exercício profissional do ensino por parte dos licenciandos implica mudanças ou, talvez, aperfeiçoamentos nas práticas profissionais do professor universitário, por exemplo, no que se refere ao domínio de conteúdos a ser ensinados nesse campo. Acreditamos que para a maioria dos professores não haja dúvidas sobre o que deve ser ensinado em disciplinas de Física; entretanto, o que deve ser ensinado para formar em Didática da Física varia de professor para professor e de currículo para currículo.

REFERÊNCIAS

ACEVEDO, J. A.; VAZQUEZ, A.; MANASSERO, A. Papel de la educación CTS en una alfabetización científica y tecnológica para todas las personas. *Revista Electrónica de Enseñanza de las Ciencias*, Vigo, v.2, n.2, p.80-111, 2003.

ALARCÃO, I. P. *Professores reflexivos em uma escola reflexiva*. 2.ed. São Paulo: Cortez, 2003.

ALMEIDA, M. J. P. M.; NARDI, R.; BOZELLI, F. A diversidade de interpretações como fator constituinte da formação docente: leitura e observação. *Educar*, Curitiba, n.34, p.95-109, 2009.

ASIMOV, I. *Nós, robôs*. São Paulo: Hemus, 1984.

ASTOLFI, J. P.; DEVELAY, M. *A Didática das Ciências*. Trad. Magda S.de Sé Fonseca. Campinas: Papirus, 1989.

AUDACITY. Software editor de gravação e edição de áudio livre, de código aberto e multi-plataforma. Disponível em: audacity.sourceforge.net. Acesso em: 1º jun. 2012.

AVENDAÑO, R. et al. El trabajo práctico: una búsqueda de sentido para la enseñanza de la Física. *Góndola, Enseñ. Aprend. Cienc.*, Bogotá, v.7, n.1, ago. 2012. BARDIN, L. *Análise de conteúdo*. Trad. Luís A. Reto e Augusto Pinheiro. Lisboa: Edições 70, 2002. [1.ed. 1977]

BARROS, M. A.; VILLANI, A. A dinâmica de grupos de aprendizagem de Física no ensino médio: um enfoque psicanalítico. *Investigações em Ensino de Ciências*, Porto Alegre, v.9, n.2, p.1-24, 2004. [on-line]

CACHAPUZ, A.; PRAIA, J.; JORGE, M. *Ciência, educação em ciência e ensino das ciências*. Lisboa: Ministério da Educação, 2002.

CAMARGO, E. P.; NARDI, R.; CORREIA, J. N. A comunicação como barreira à inclusão de alunos com deficiência visual em aulas de Física moderna. *Revista Brasileira de Pesquisa em Educação em Ciências*, São Paulo, v.10, n.2, 2010.

CARVALHO, A. M. P.; GIL-PEREZ, D. *Formação de professores de Ciências*. 2.ed. São Paulo: Cortez,1993.

CASTIBLANCO, O. *Uma estruturação para o ensino de Didática da Física na formação inicial de professores*: contribuições da pesquisa na área. Bauru, 2013. 275f. Tese (Doutorado em Educação para a Ciência) – Faculdade de Ciências, UNESP.

CASTIBLANCO, O.; NARDI, R. Establishing Common Elements Among Some Science Education References as a Resource to Design a Didactics of Physics Program for Teachers' Initial Education. *Lat. Am. J. Phys. Educ.*, México, v.6, supl.I, ago. 2012.

_____. Un uso de la História en la enseñanza de la Didáctica de la Física. *Góndola, Enseñ. Aprend. Cienc.*, Bogotá, v.8, n.2, jul./dez. 2013.

_____. Interpretando la estructura curricular de programas brasileños de licenciatura en Física, a partir de una perspectiva epistemológica de la Didáctica de la Física. *Revista Electrónica de Investigación en Educación en ciencias*, Buenos Aires, v.9, n.1, jul. 2014.

CASTIBLANCO, O.; VIZCAÍNO, D. Proposta de tratamento da música, fotografia e ciência ficção no ensino da Física. In: CONGRESSO INTERNACIONAL DE EDUCAÇÃO CIENTÍFICA E TECNOLÓGICA, I, 2010, Santo Ângelo. *Anais...* Santo Ângelo: URI, 2010.

CASTIBLANCO, O.; VIZCAÍNO, D.; IACHEL, G. Proposta didática para o ensino do som. In: SIMPÓSIO NACIONAL DE ENSINO DE CIÊNCIA E TECNOLOGIA, II, 2010, Ponta Grossa. *Atas...* Ponta Grossa: UTFPR, 2010.

COPELLO, M.; SANMARTÍ, N. Fundamentos de un modelo de formación permanente del profesorado de Ciências centrado en la reflexión dialógica sobre las concepciones y las prácticas. *Enseñanza de las Ciências*, Barcelona, v.19, n.2, p.269-83, 2001.

DIAS, M. A.; AMORIM, H. S.; BARROS, S. S. Produção de fotografias estroboscópicas sem lâmpada estroboscópica. *Caderno Brasileiro de Ensino de Física*, Florianópolis, v.26, n.3, p.492-513, dez. 2009.

EINSTEIN, A.; INFELD, L. *A evolução da Física*: o desenvolvimento das ideias desde os primitivos conceitos até a relatividade e aos quanta. São Paulo: Nacional, 1943. p.9-37.

ELLIOTT, J. Teachers as Researchers: Implications for Supervision and for Teacher Education. *Teaching & Teacher Education*, Amsterdam, v.6, n.1, p.1-26, 1990.

ESTRELA, A. *Teoria e prática de observação de classes*: uma estratégia de formação de professores. 4.ed. Porto: Porto Editora, 2006. [1.ed. 1994]

FENSHAM, P. J. *Defining an Identity*: the Evolution of Science Education as a Field of Research. London: Kluwer Academic Publishers, 2004.

FERREIRA, S. C. P.; ZIMMERMANN, E. Concepções sobre ciência e Ensino de Ciências de alunos da EJA. In: ENCONTRO NACIONAL DE PESQUISA EM ENSINO DE CIÊNCIAS (ENPEC), VII, 2009, Florianópolis. *Atas...* Florianópolis: Associação Brasileira de Pesquisa em Educação em Ciências, 2009.

FISCHMAN, G.; SALES, S. Formação de professores e pedagogias críticas: é possível ir além das narrativas redentoras? *Revista Brasileira de Educação*, Rio de Janeiro, v.15, n.43, p.7-20, jan./abr. 2010.

FLICK, U. *Qualidade na pesquisa qualitativa*. Trad. Roberto C. Costa. Porto Alegre: Artmed, 2009. [Ed. ingl.: *Managing Quality in Qualitative Research*. London: Sage Publications of London, 2008.]

FRACALANZA, H.; AMARAL, I. A.; GOUVEIA, M. S. F. *O Ensino de Ciências no primeiro grau*. 2.ed. São Paulo: Atual, 1987.

GATTI, B. Formação do professor pesquisador para o ensino superior: desafios. In: BARBOSA, R. (Org.). *Trajetórias e perspectivas da formação de professores*. São Paulo: Editora UNESP, 2004.

GEOGEBRA. Software de Matemática, livre, para ensino e aprendizagem. Disponível em: www.geogebra.org/cms/pt_BR. Acesso em: 1º jun. 2012.

GIL, A. C. *Métodos e técnicas de pesquisa social*. 6.ed. São Paulo: Atlas, 2008. [1.ed. 1985.]

GIORDAN, M. O computador na educação em Ciências: breve revisão crítica acerca de algumas formas de utilização. *Ciência & Educação*, Bauru, v.11, n.2, p.279-304, 2005.

GIROUX, H. *Os professores como intelectuais*: rumo a uma pedagogia crítica da aprendizagem. Trad. Daniel Bueno. Porto Alegre: Artmed, 1997. [1.ed. 1988.]

GOMEZ, M. J. *La investigación educativa:* claves teóricas. Madrid: McGraw Hill, 2007.

HAMBURGER, E. W. (Org.). *Ciências físicas no Brasil:* estudos e pesquisas recentes 2005. São Paulo: Editora Livraria da Física, 2005.

HERTZ, H. *Principles of Mechanics, Presented in a New Form.* NewYork: McMillan & Co., 1899.

HÖTTECKE, D. Learning Physics with History and Phylosophy of Science: on Effective Implementation Strategies for an Old Approach in School Science Teaching in Europe. In: GARCIA, N. M. D. et al. (Org.). *A pesquisa em Ensino de Física e a sala de aula:* articulações necessárias. São Paulo: Sociedade Brasileira de Física, 2010. p.45-77.

IMAGEJ. Free Software. Processamento e análise de imagens em Java. Disponível em: http://rsbweb.nih.gov/ij/download.html. Acesso em: 1º jun. 2012.

KLEIN, J. T. *Interdisciplinarity:* History, Theory, and Practice. Detroit: Wayne State University Press, 1990.

_____. Ensino interdisciplinar: didática e teoria. In: FAZENDA, I. (Org.). *Didática e interdisciplinaridade.* 13.ed. Campinas: Papirus, 2007. p.109-32.

LONGHINI, M. D.; NARDI, R. A pesquisa sobre a prática como elemento na formação do professor: uma experiência envolvendo a formação inicial de professores de Física. *Revista Electrónica de Investigación en Educación en Ciências,* Tandil, Buenos Aires, v.2, n.1, p.69-83, jul. 2007.

LÜDKE, M. O professor, seu saber e sua pesquisa. *Educação & Sociedade,* Campinas, ano XXII, n.74, p.77-96, abr. 2001.

LÜDKE, M.; ANDRÉ, M. *Pesquisa em Educação:* abordagens qualitativas. São Paulo: Editora Pedagógica e Universitária, 1986.

MARCELO, C. *Formação de professores para uma mudança educativa.* Porto: Porto Editora, 1999.

MARTINS, A. F. P.; PACCA, J. L. A. O conceito de tempo entre estudantes do ensino fundamental e médio: uma análise à luz da epistemologia de Gastón Bachelard. *Investigações em Ensino de Ciências,* Porto Alegre, v.10, n.3, p.1-34, 2005. [on-line.]

MORAES, R.; GALIAZZI, M. C. *Análise textual discursiva.* Ijuí: Editora Unijuí, 2007.

NARDI, R. *A área de Ensino de Ciências no Brasil*: fatores que determinaram sua constituição e suas características segundo pesquisadores brasileiros. Bauru, 2005. 170p. Tese (Livre Docência) – Faculdade de Ciências, Universidade Estadual Paulista.

NARDI, R.; ALMEIDA, M. J. P. M. Investigação em Ensino de Ciências no Brasil segundo pesquisadores da área: alguns fatores que lhe deram origem. *Pro-Posições*, Campinas, v.18, n.1, p.213-26, 2007.

NETO, A. J. *Resolução de problemas em Física*: conceitos, processos e novas abordagens. Lisboa: Instituto de Inovação Educacional, 1998. cap.4, p.191-255.

NÓVOA, A. Formação de professores e profissão docente. In: *Os professores e a sua formação*. Lisboa: Dom Quixote, 1992.

PESSOA JUNIOR, O. O problema da medição em Mecânica Quântica: um exame atualizado. *Cadernos de História e Filosofia da Ciência*, Campinas, s.3, v.2, n.2, p.177-217, jul./dez. 1992.

PIETROCOLA, M. et al. *Física*. v.1. São Paulo: FTD, 2011. p.1, 68-9.

SANMARTÍ, N. *Didáctica de las ciencias en la educación secundaria obligatoria*. Madrid: Sintesis Educación, 2002.

SANMARTÍ, N. MARQUEZ, P.; GARCÍA, P. Los trabajos prácticos, punto de partida para aprender ciencias. *Aula de Innovación Educativa*, La Rioja, n.113, 2002. [on-line.]

SÉRÉ, M. G.; COELHO, S. M.; NUNES, A. O papel da experimentação no Ensino da Física. *Caderno Brasileiro de Ensino de Física*, Florianópolis, v.20, n.1, p.30-42, abr. 2003.

SEVERINO, A. J. O conhecimento pedagógico e a interdisciplinaridade: o saber como internacionalização da prática. In: FAZENDA, I. (Org.). *Didática e interdisciplinaridade*. 13.ed. Campinas: Papirus, 2007. p.31-44.

SHULMAN, L. Teacher Development: Roles of Domain Expertise and Pedagogical Knowledge. *Journal of Applied Developmental Psychology*, v.21, n.1, p.12935, 2000.

SILVA, B. V. C. E. *Controvérsias sobre a natureza da luz*: uma aplicação didática. Natal, RN, 2010, 180p. Dissertação (Mestrado em Ensino de Ciências e Matemática) – Programa de Pós-Graduação em Ensino de Ciências e Matemática, Universidade Federal do Rio Grande do Norte.

SILVA, B. V. C. E.; MARTINS, A. F. P. A natureza da luz e o ensino da Óptica: uma experiência didática envolvendo o uso da História e da Filosofia da Ciência no ensino médio. *Experiências em Ensino de Ciências*, Cuiabá, v.5, n.2, p.71-91, 2010.

SILVA, L. L.; TERRAZZAN, E. As analogias no ensino de conteúdos conceituais, procedimentais e atitudinais em aulas de Física do ensino médio. *Experiências em Ensino de Ciências*, Cuiabá, v.6, n.1, p.133-54, 2011.

SILVA, S. F.; VILLANI, A. Grupos de aprendizagem nas aulas de Física: as interações entre professor e alunos. *Ciência & Educação*, Bauru, v.15, n.1, p.21-47, 2009.

SOUZA, A. R. et al. Uso do GeoGebra para analisar o movimento harmônico simples por meio do pêndulo simples. In: PIROLA, N. A. (Org.). *Ensino de Ciências e Matemática IV*. Temas de investigação. São Paulo: Cultura Acadêmica; Editora UNESP, 2010. cap.9, p.175-203.

STARQUIZ. Disponível em: http://www.cosmicsoft.net/starQuiz/. Acesso em: 1º jun. 2012.

TARDIF, M.; LESSARD, C. *O trabalho docente*: elementos para uma teoria da docência como profissão de interações humanas. 2.ed. Petrópolis: Vozes, 2005.

VIENNOT, L. *Reasoning in Physics*: the Part of Common Sense. New York: Kluwer Academic Publisher, 2004.

VIRTUAL DUB. Software de captura de vídeo/utilitário de processamento. Disponível em: http://www.virtualdub.org/index. Acesso em: 1º jun. 2012.

WIKIPEDIA. Enciclopédia on-line livre e gratuita. Disponível em: pt.wikipedia. org/wiki/movimento-(física). Acesso em: 10 jun. 2012.

XAVIER, C.; BENIGNO, B. *Física*. v.1. São Paulo: FTD, 2010. p.1, 47-8.

ZEICHNER, K. Formando professores reflexivos para a educação centrada no aluno: possibilidades e contradições. In: BARBOSA, R. (Org.). *Formação de educadores*: desafios e perspectivas. São Paulo: Editora UNESP, 2003.

SOBRE OS AUTORES

ROBERTO NARDI é licenciado em Física pela Universidade Estadual Paulista "Júlio de Mesquita Filho" (1972), mestre em *Science Education* pela *School of Education* da Temple University, Filadélfia, EUA (1978), doutor em Educação pela Faculdade de Educação da Universidade de São Paulo (1989), com estágio de pós-doutoramento na Universidade Estadual de Campinas (2004-2005). Docente no Departamento de Física da Universidade Estadual de Londrina (1980-1993). Secretário para Assuntos de Ensino da Sociedade Brasileira de Física (SBF, 1991-1993), secretário-executivo, vice-presidente e presidente da Associação Brasileira de Pesquisa em Educação em Ciências (Abrapec) (2000-2005). É membro efetivo da *European Science Education Research Association* (ESERA). A partir de 1994 atua no Departamento de Educação, como professor adjunto, livre-docente, e no Programa de Pós-Graduação em Educação para a Ciência da Faculdade de Ciências da UNESP, Bauru, do qual foi um dos fundadores e coordenador. É Bolsista de Produtividade em Pesquisa 1-A do CNPq e um dos líderes do Grupo de Pesquisa em Ensino de Ciências. Foi coordenador da Área de Ensino de Ciências e Matemática e membro do Conselho Técnico Consultivo do Ensino Superior (CTC-ES) da Capes no triênio 2008-2011. É atualmente membro da *International Comission on Physics Education* (C14) da *International Union of Pure and Applied Physics* (Iupap) e editor da revista *Ciência & Educação*, Qualis A1 na Área de Ensino na Capes.

OLGA LUCÍA CASTIBLANCO ABRIL é licenciada em Física pela Universidade Distrital Francisco José de Caldas (Bogotá, 1996), mestre em Docência da Física pela Universidade Pedagogica Nacional (Bogotá, 2002) e doutora em Educação para a Ciência pela Universidade Estadual

Paulista "Julio de Mesquita Filho" (Bauru, 2013). É docente e pesquisadora da Universidade Distrital Francisco José de Caldas, atuando principalmente no ensino de Física e ensino de Didática da Física. É editora do periódico *Góndola, Enseñanza y Aprendizaje de las Ciencias*, líder do Grupo de Pesquisa *Enseñanza y Aprendizaje de la Física*.

Impresso em São Paulo, SP, em dezembro de 2018,
com miolo em off-set 75 g/m^2,
nas oficinas da Forma Certa.
Composto em Minion Pro, corpo 12 pt.

Não encontrando esta obra nas livrarias,
solicite-a diretamente à editora.

Escrituras Editora e Distribuidora de Livros Ltda.
Rua Maestro Callia, 123
Vila Mariana – São Paulo, SP – 04012-100
Tel.: (11) 5579-1755/5571-2838
escrituras@escrituras.com.br
vendas@escrituras.com.br